はじめてでも素敵に作れる！
コットンパール・アクセサリー

C_Factory 編

西東社

Introduction

綿を圧縮し、表面をコーティングして
作られる「コットンパール」。
とても軽く、やわらかい質感で
ナチュラル、アンティーク、カジュアルなど
どんなテイストにも合わせやすいのが魅力です。
本書では、手軽に作れて、でもおしゃれな
コットンパールのアクセサリーのレシピを
3人のデザイナーが提案します。
全工程を写真つきで解説しているので
アクセサリー作り初心者でも安心。
作って楽しい、身につけてうれしい
心ときめくコットンパールのアクセサリーを
ぜひあなたのお気に入りに加えてください。

Contents

Introduction 2

最初に知っておきたいこと

コットンパールについて 6
基本の道具 7
基本の材料 8

練習レシピ

1 ピアスの作り方① 10
2 ピアスの作り方② 12
3 ブレスレットの作り方 14
4 ネックレスの作り方 16

もっと知りたい！ アクセサリー作りの疑問Q&A 18

Design Recipe

1 - 2色パールのピアス&ネックレス 20
2 - コットンパールのフォークリング 24
3 - 3粒パールのイヤリング 26
4 - アクリルビーズのブレスレット&ピアス&ネックレス ... 28
5 - リボンのネックレス 34
6 - カラフルピアス 36
7 - ぼんぼんイヤーフック 38
8 - 大ぶりビジューのブローチ&指輪 40
9 - ターコイズのピアス&ブレスレット 44
10 - リボンのピアス 48
11 - 花のピアス 49
12 - レディなヘアコーム 52
13 - バイカラーのシューズクリップ 54
14 - コットンパールの2連縁取りイヤリング 58
15 - パールのひし形ブレスレット 60
16 - エスニックなネックレス&ピアス 64

17 · アクリルビーズのブレスレット&ピアス&ロングネックレス   70
18 · ビジューとパールのラグジュアリーピアス   76
19 · サマーブレスレット   78
20 · 編みこみピアス   80
21 · シルクリボンのブレスレット   82
22 · レースのピアス&ブローチ   84
23 · パールを束ねたヘアゴム   88
24 · 夜空と月明かりのイヤリング   90
25 · パールとイニシャルパーツのシンプルブレスレット   94
26 · レジンのピアス&ヘアゴム   96
27 · ラインストーンチェーンのピアス&ブレスレット   100
28 · バイカラーのコットンパールコサージュ   104
29 · 華やぎカーディガン   108
30 · ファーのピアス   110
31 · すずなりパールのカブトピン   112
32 · フリンジのバレッタ   114
33 · 4色パールのピアス&ブレスレット&ネックレス   116
34 · モノトーンのネックレス&ブレスレット   120

{ COLUMN }

チェーンのタイプについて   23
「フォークリング」の身につけ方   25
磁力で簡単に留められる「マグネットクラスプ」が便利   31
「アクリルビーズ」について   33
コットンパールやビーズの上手な収納アイデア   43
作ったアクセサリーをプレゼントするときは   57
初めて材料や道具を買うときのアドバイス   63
アクセサリー作りを途中でいったんやめるときは   75
コットンパールキャッチの作り方／
接着剤はタイプによって硬化時間がいろいろ   77

Shop Information   126
デザイナー紹介   127

※本書では、材料にできるかぎり素材名やサイズなどを記しています。メーカーや販売店によって名称やサイズが若干異なる場合もあります。選ぶ際の参考としてください。

最初に知っておきたいこと

コットンパールについて

コットンパールとは、綿を圧縮した玉にパール加工をほどこしたもの。ふつうのパールと比べて軽く、たくさん使っても重くならないのが特徴でアクセサリーのパーツとして人気があります。アンティーク風の質感と、女性らしい優美な雰囲気が魅力。半分だけ穴が開いた「片穴」タイプと、穴が貫通した「両穴」タイプが主流で、コットンパールがついたピアスキャッチもあります。

色
ホワイトやキスカ（淡いベージュ）など一般的な色だけでなく、ピンク、グレー、ブラックなどカラーバリエーションも豊富。色の合わせ方で作品のイメージも変わります。

形
球体のほかに、ドロップ（しずく型）など異なる形もあります。作品に合わせて取り入れてみましょう。

サイズ
直径5mmの小さなものから14mmまで、サイズもいろいろ。1粒だけで作ったシンプルなピアスも、小粒なら上品に、大粒ならインパクト大に仕上がります。

【 その他のパールたち 】

コットンパールと組み合わせて使ってもかわいい、その他のパールたち。上品な輝きがある淡水パール、いびつな形がユニークなケシパールなど、種類もさまざま。組み合わせ方で個性が演出できます。

基本の道具

アクセサリーを作るときにそろえておきたい道具を紹介します。
レシピページには、作品ごとに必要な道具も記しているので、作業前に確認しましょう。

【 最初にそろえたいもの 】

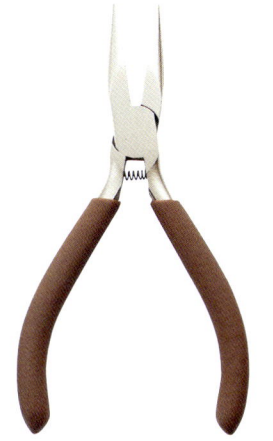 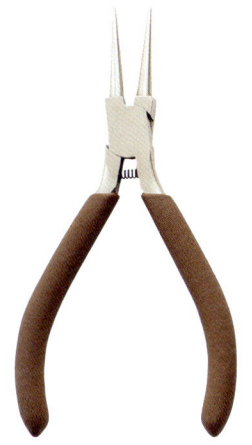 

平ヤットコ
先が平たいヤットコ。丸カンの開閉やボールチップを閉じる、つぶし玉をつぶすなどに使う。

丸ヤットコ
先が丸いヤットコ。コットンパールなどにTピンや9ピンを通し、先を丸める際などに使用する。

ニッパー
切断専用の工具。余分なチェーンやピン類、テグス、ワイヤーをカットする際に使用する。

【 あると便利なもの 】

   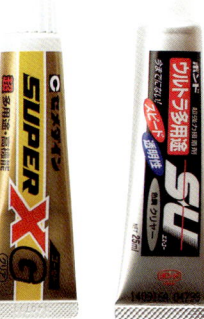 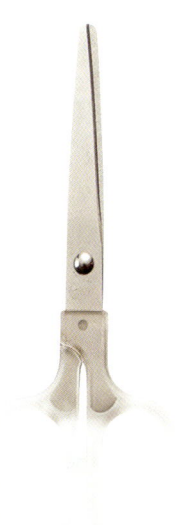

接着剤
コットンパールを金具に接着する際などに使用。布や金具など、多用途に使えるものが便利。

目打ち
コットンパールに穴を開けたり、穴のつまりを解消するのに使用。チェーンの目が小さいときは目打ちを押し当てると広げられる。

竹串
接着剤を細かい部位につけるときは、調理用の竹串やつまようじなど先端が細いものを使うと、はみ出さずキレイに仕上がる。

はさみ
糸やレースなどを切る際に使用。布用のものを用意すると切れ味もよい。

基本の材料

アクセサリー作りで使用する材料です。
作りたいアクセサリーに必要なものをそろえましょう

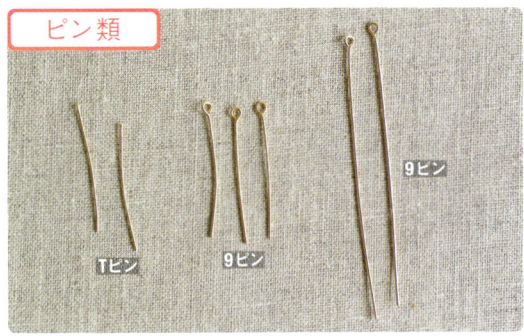

ピン類

パーツをつないだり、パーツ同士をつなげるときに使用する。Tピン、9ピンが一般的。デザインがほどこされたデザインピンもある。

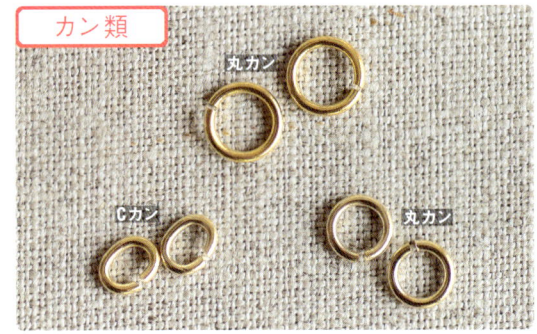

カン類

パーツをつなげるときに使用。目立たせたくないときは線径の細いもの、しっかり留めたいときは太いものを選ぶとよい。ツイストなど加工がされたデザインタイプは、作品のアクセントにもなる。

留め金具

ネックレスやブレスレットなどに使うパーツで、引っかける側に引き輪、カニカン、受ける側にアジャスターや板ダルマがある。このほかに、本書では輪にバーを通して留めるマンテル、磁力で留めるマグネットクラスプ（P31）も使用している。

チェーン類

ネックレスやブレスレットに使用。布と同様に、1m単位などで購入できる。キヘイ（写真上・下）、デザインチェーン（写真中央）などデザインはさまざま。細さや輪の大きさもいろいろあるので、好みに合わせて選ぶとよい。

エンドパーツ

テグスやワイヤー、連爪チェーンなど、素材に応じて端の処理に使用するパーツのこと。テグスや糸にはつぶし玉やボールチップ、連爪チェーンにはチェーンエンド（P102）などを使用する。

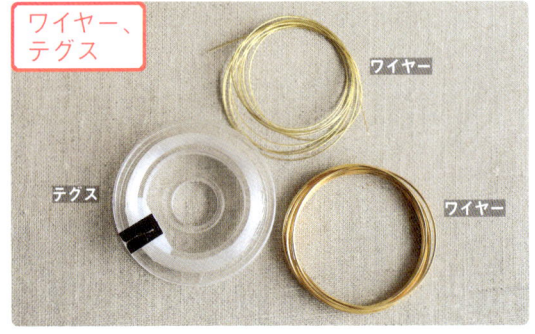

ワイヤー、テグス

コットンパールやビーズを通すときに使う。テグスは細くて透明に近いので目立ちにくく、ワイヤーは形を作りやすいという特徴がある。ワイヤーは金具の色に合わせると見た目もキレイ。

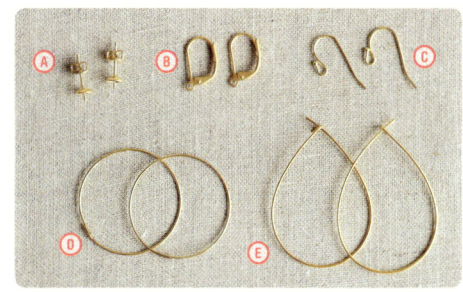

ピアス金具やリングやブローチ台など、作りたいアクセサリーに合わせて使用する金具。色やデザインは好みで選んで。

特に種類が多いのがピアス金具。シンプルなら Ⓐ の芯立つき、こなれた印象なら Ⓑ のフレンチフック、揺らしたいなら Ⓒ のU字、Ⓓ のフープを。Ⓔ のしずくなら大胆で目を引くピアスに仕上がる。

【 その他の素材 】

コットンパールは、どんなテイストにも合わせやすい素材。ここに挙げたもの以外にもビーズやファー、リボンなど、いろいろな素材と好相性です。

メタルビーズ

金属製のメタルビーズ。コットンパールの甘さをほどよく中和してくれる。

アクリルビーズ

アンティーク風の色調やデザインも、コットンパールの雰囲気にベストマッチ。

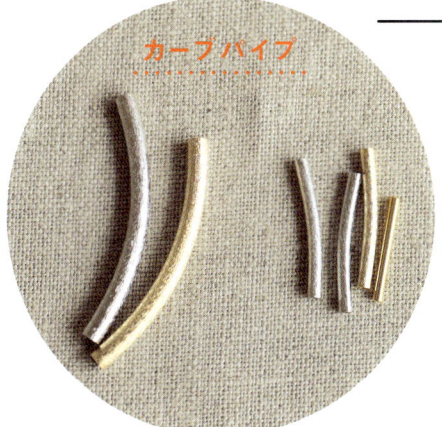

カーブパイプ

金属製のカーブパイプは、細ければ華奢に、太ければ存在感のある素材。

ウッドビーズ

エスニックな印象のウッドビーズ。こんな異素材も意外とハマる。

(練習レシピ) 1

ピアスの作り方①

Basic

芯立付きのピアス金具に
片穴が開いたコットンパールを
差しただけのカンタンレシピ。
接着剤は塗りすぎると
押さえたときはみ出るので
ほどよい量にしましょう。

pierce

材料

- Ⓐ コットンパール（8mm・ラウンド・片穴・キスカ）…2個
- Ⓑ ピアス金具（芯立・ゴールド）…2個

道具

- Ⓐ 接着剤

マスターできる 基本テクニック	・パーツの接着

ピアス金具にパーツを接着する

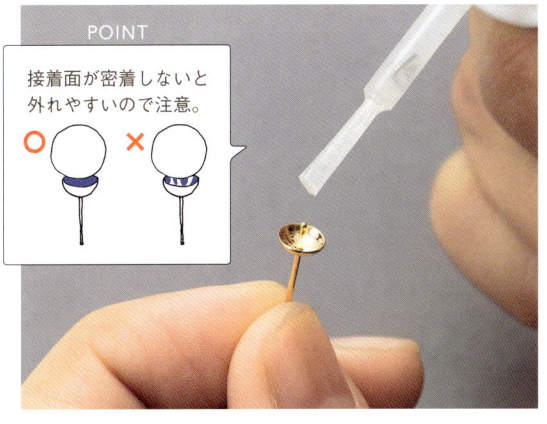

POINT
接着面が密着しないと外れやすいので注意。
○ ×

1. ピアス金具の芯立部分の面全体に、薄くまんべんなく接着剤を塗る（接着剤が出すぎたらティシュであふれた分を拭き取る）。

2. コットンパールを差し込む。

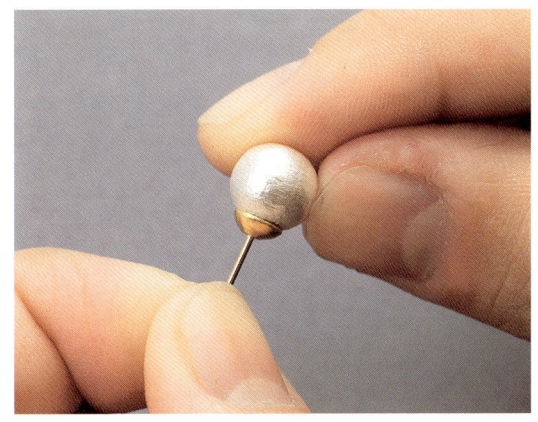

3. 動かなくなるまでしばらく手で押さえ、接着する。

乾かす

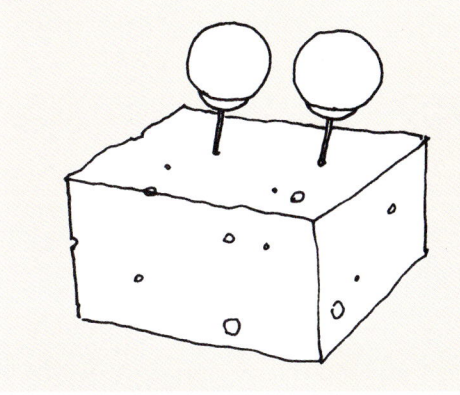

4. 接着剤の表示時間、おいておく。接着剤が乾くまで、スポンジなどに刺して立てておいてもよい。

チェンジ

基本のピアスに、穴が開いたチャームを差し込むだけで、モチーフ付きのピアスになる。

※写真はハート型・ゴールドのチャームを使用したもの

ピアスの作り方②

Basic

作品作りで多用する
Tピンを使ったパーツの
作り方を紹介します。
コツをつかめばピンをきれいに
丸めることができます。

pierce

材料

- Ⓐ コットンパール（12mm・ラウンド・両穴・キスカ）…2個
- Ⓑ Tピン（0.6×40mm・ゴールド）…2本
- Ⓒ ピアス金具（フープ・30mm・ゴールド）…1ペア

道具

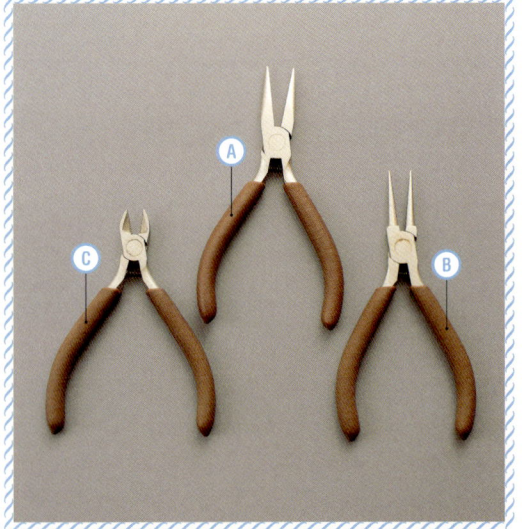

- Ⓐ 平ヤットコ
- Ⓑ 丸ヤットコ
- Ⓒ ニッパー

> マスターできる
> 基本テクニック

・Tピンの丸め方

Tピンを丸める

1 Tピンにコットンパールを通す。

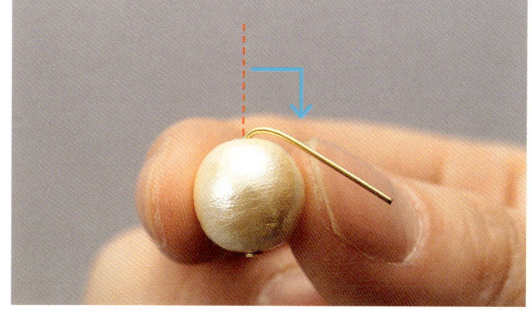

2 ピンの根元を指で押さえて直角に折り曲げる。

POINT

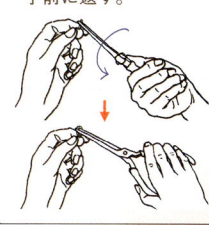

手の平が上を向くようにしてはさみ、手首を手前に返す。

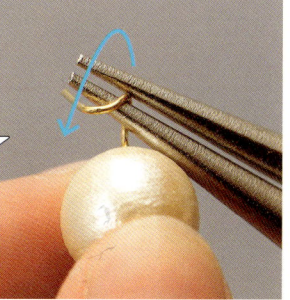

3 ピンの根元から7mmほどの所を丸ヤットコではさみ、ピンを丸ヤットコの丸みに沿わせるように手前に回転させて丸める。

POINT

きれいな輪にならないときは、平ヤットコで輪をはさんで形を整えてからカットする。

4 ニッパーでピンの輪がちょうど一周した部分をカットする。

ADVICE

Tピンを丸める前に、根元から7mmほどを残してカットしてから丸めてもよい。

ピアス金具に通す

5 ピアス金具にTピンつきのコットンパールを通す。

6 ピアス金具の先3〜4mmほどの所を平ヤットコで上に45度くらい折り曲げて、ホール部分に入るようにする。

(練習レシピ) 3

≪ Basic ≫

ブレスレットの作り方

テグスにコットンパールを通し
端に留め金具を接続して作る
シンプルな構造のブレスレット。
パールの数を増減すれば
手首のサイズに合わせて
長さを調整することもできます。

bracelet

材料

道具

- Ⓐ コットンパール（10mm・ラウンド・両穴・キスカ）…15個
- Ⓑ テグス（3号）…30cm程度
- Ⓒ つぶし玉（0.8mm・ゴールド）…2個
- Ⓓ ボールチップ（3mm・ゴールド）…2個　Ⓔ 丸カン（0.6×4mm・ゴールド）…2個
- Ⓕ 引き輪（7mm・ゴールド）…1個　Ⓖ アジャスター（60mm・ゴールド）…1個

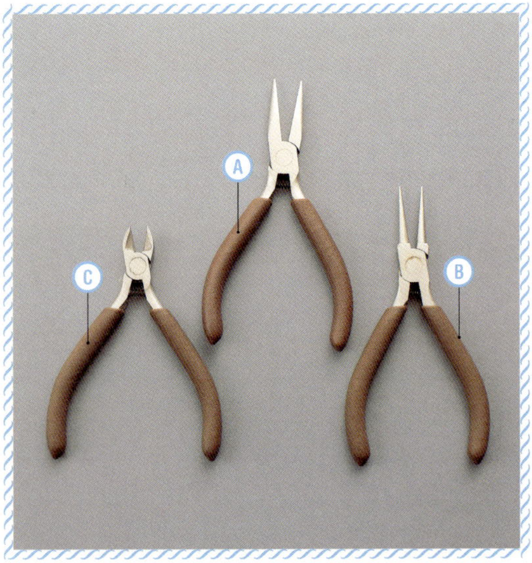

- Ⓐ 平ヤットコ　Ⓑ 丸ヤットコ　Ⓒ ニッパー

マスターできる基本テクニック
・ボールチップの閉じ方
・丸カンの開閉

▶ パールを通す

1　テグスにコットンパールを通す。

▶ ボールチップをつける

2　テグスの両端にボールチップのくぼみがパールと反対側を向くように通し、次につぶし玉を通す。

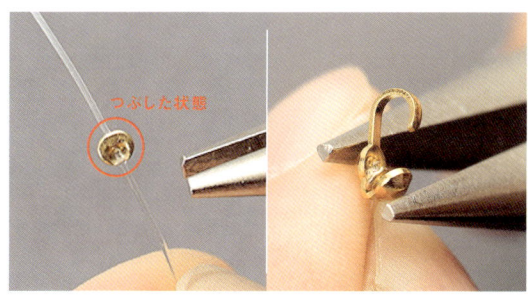

POINT
反対側を処理するときは、ワイヤーが余らないようしっかりと引き締めてからつぶし玉をつぶす。

3　一方のつぶし玉を平ヤットコでギュッとはさんでつぶし、テグスの端2〜3cmの位置に固定する。ボールチップをずらしてつぶし玉をくぼみに収め、平ヤットコでボールチップをはさんで閉じる。

4　ボールチップからはみ出たテグスをカットし、ボールチップのフックの先を丸ヤットコで根元へひっぱって閉じる。閉じたボールチップ側にコットンパールを寄せて、逆側のテグスの端も同様に処理する。

▶ 丸カンでパーツをつなぐ

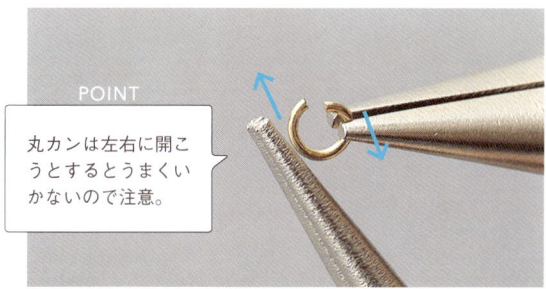

POINT
丸カンは左右に開こうとするとうまくいかないので注意。

5　ヤットコ2本で丸カンを持ち、前後に動かして広げる(右ききの場合は右に平ヤットコを持つと作業しやすい)。

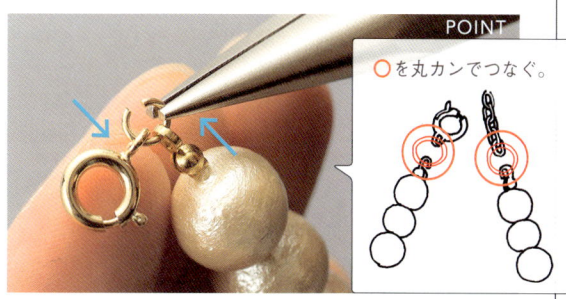

POINT
○を丸カンでつなぐ。

6　丸カンにボールチップのフック、引き輪を通して丸カンを閉じる。同様にもう1つの丸カンを広げ、逆側のボールチップのフック、アジャスターの端の輪を通して丸カンを閉じる。

15

(練習レシピ) 4

《 Basic 》

ネックレスの作り方

ネックレス中央のパーツは
9ピンにコットンパールを
通して作ります。
ピンの使い方、留め金具の
接続を覚えたら
いろいろなレシピに応用できます。

necklace

材料

Ⓐ コットンパール（8mm・ラウンド・両穴・ホワイト）…3個
Ⓑ コットンパール（4mm・ラウンド・両穴・ホワイト）…4個
Ⓒ チェーン（幅約1mm×長さ20cm・アズキ・ゴールド）…2本
Ⓓ 9ピン（0.8×60mm・ゴールド）…1個　Ⓔ 丸カン（0.6×3mm・ゴールド）…4個
Ⓕ カニカン（7×5mm・ゴールド）…1個　Ⓖ アジャスター（50mm・ゴールド）…1個

道具

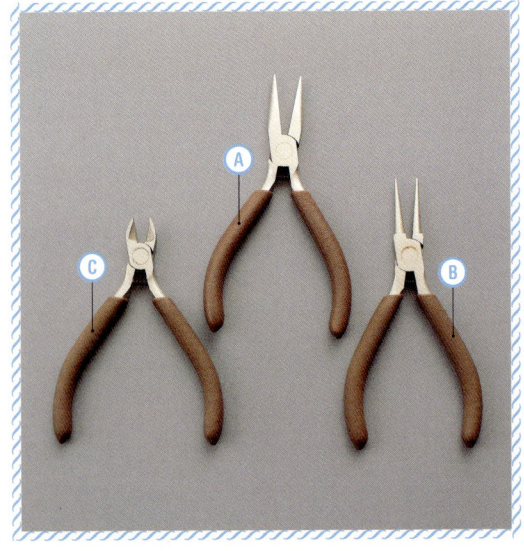

Ⓐ 平ヤットコ　Ⓑ 丸ヤットコ　Ⓒ ニッパー

| マスターできる 基本テクニック | ・9ピンの丸め方
・留め金具の接続 |

POINT 手の平が上を向くようにしてはさみ、手首を手前に返す。

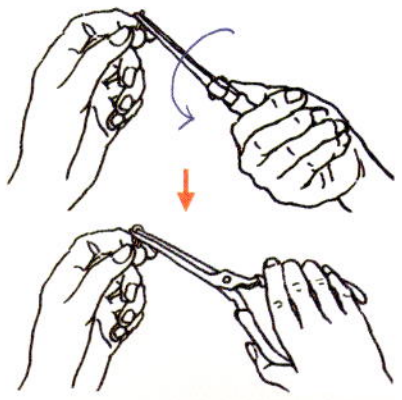

9ピンでパーツを作る

1 9ピンにコットンパールを4mm2個、8mm3個、4mm2個の順に通し、ピンの根元を指で押さえて直角に折り曲げる。

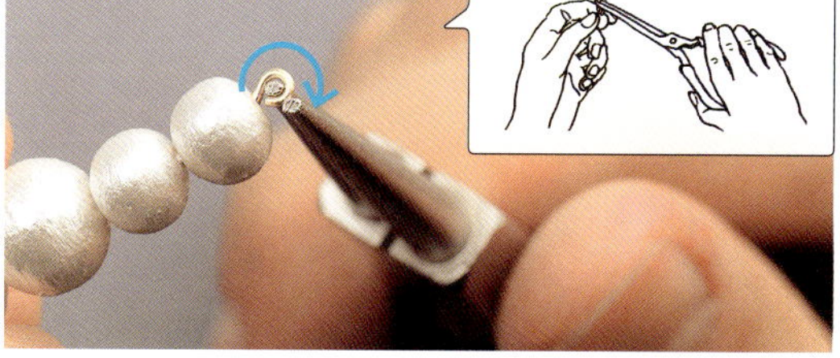

2 9ピンの端を根元から7mmくらいを残してニッパーでカットし、ピンの端を丸ヤットコではさみ、ピンを丸ヤットコの丸みに沿わせるように手前に回転させて丸める。

チェーンをつなぐ

留め金具を接続する

ネックレスの端の構造
丸カンで留め金具をつなぐ

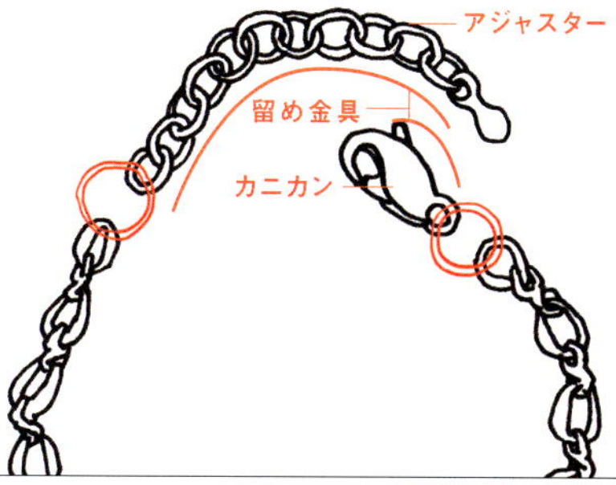

— アジャスター
— 留め金具
— カニカン

3 丸カンをヤットコ2本で持って開け、2の端のピンの輪、チェーンの端の輪を通し、丸カンを閉じる。2の逆側の輪、もう1本のチェーンの端の輪も同様に丸カンに通して閉じる。

ADVICE カニカンは引き輪に置き換えてもOK。

4 丸カンを広げてチェーンの片方の端の輪、アジャスターの端の輪を通し、丸カンを閉じる。

5 もう1つの丸カンも広げて、チェーンの逆側の端の輪、カニカンの輪を通し、丸カンを閉じる。

17

取材協力：オカダヤ新宿本店

もっと知りたい！
アクセサリー作りの疑問 Q & A

Q パーツが転がって作りづらいです

A 枠つきトレーやマットを使いましょう

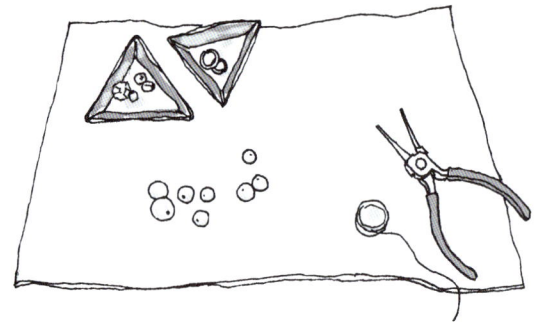

アクセサリーパーツは転がって散らかりやすいので、専用のビーズマットがあると便利です。すべりにくい加工を施してあるので転がりにくく、作業に集中できます。折りたたんでしまえる点も便利です。枠がついたトレーの中で作業してもOK。また、パールなどメインの素材はマットの上に置き、小さなビーズ類は三角形の小さなトレーに入れると作業がスムーズです。

Q ヤットコはどのように持ちますか？

A 親指とそのほかの指でやさしく挟んで持ちます

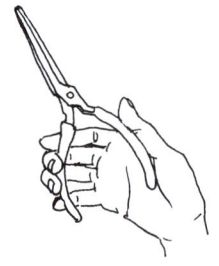

アクセサリー作りのために、初めてヤットコを手にしたという人も多いでしょう。ヤットコは左のイラストのように、親指とそのほかの指で挟むようにして持ちます。バネがついたタイプのヤットコなら、開閉も力をかけず楽に行えます。持ち方はニッパーも同様です。

Q 無穴のコットンパールに穴を開けられますか？

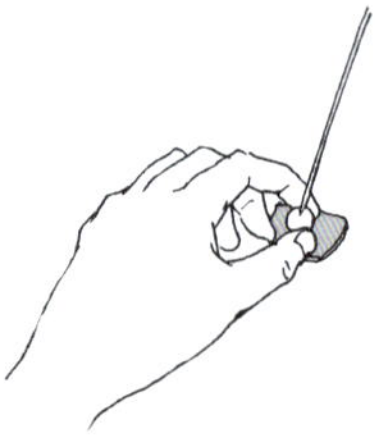

A 細い目打ちで穴を開けます

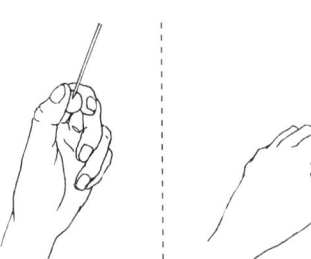

穴が開いていない無穴タイプのコットンパールに穴を開ける場合は、極細の目打ちを少しずつ刺すようにします。片穴のコットンパールを、穴を貫通させて両穴にしたいときも同様です。手でパールを持って少しずつ目打ちを刺すか、やわらかい布の上にパールを置いて作業します。コットンパールは綿を圧縮したものなので、綿の繊維によって穴の通りが悪いこともありますが、その場合はワイヤーを穴に刺して通りをよくしてあげましょう。

Design Recipe

デザインレシピ

さて、ここまでで
アクセサリー作りに必要な
基本のテクニックは習得できました。
次のページからは
これらのテクニックを使ってできる
さまざまなデザインのアクセサリーを紹介します。
全工程の写真つきでわかりづらい箇所は
さらにイラストを使って説明しているので
初心者さんでも大丈夫。
さっそく、始めていきましょう。

Design No.
1

Chinami Iida

2色パールのピアス&ネックレス

スッキリしたIラインに、淡い色合いのコットンパールを。
円柱キャップと組み合わせることで、シャープな仕上がりに。

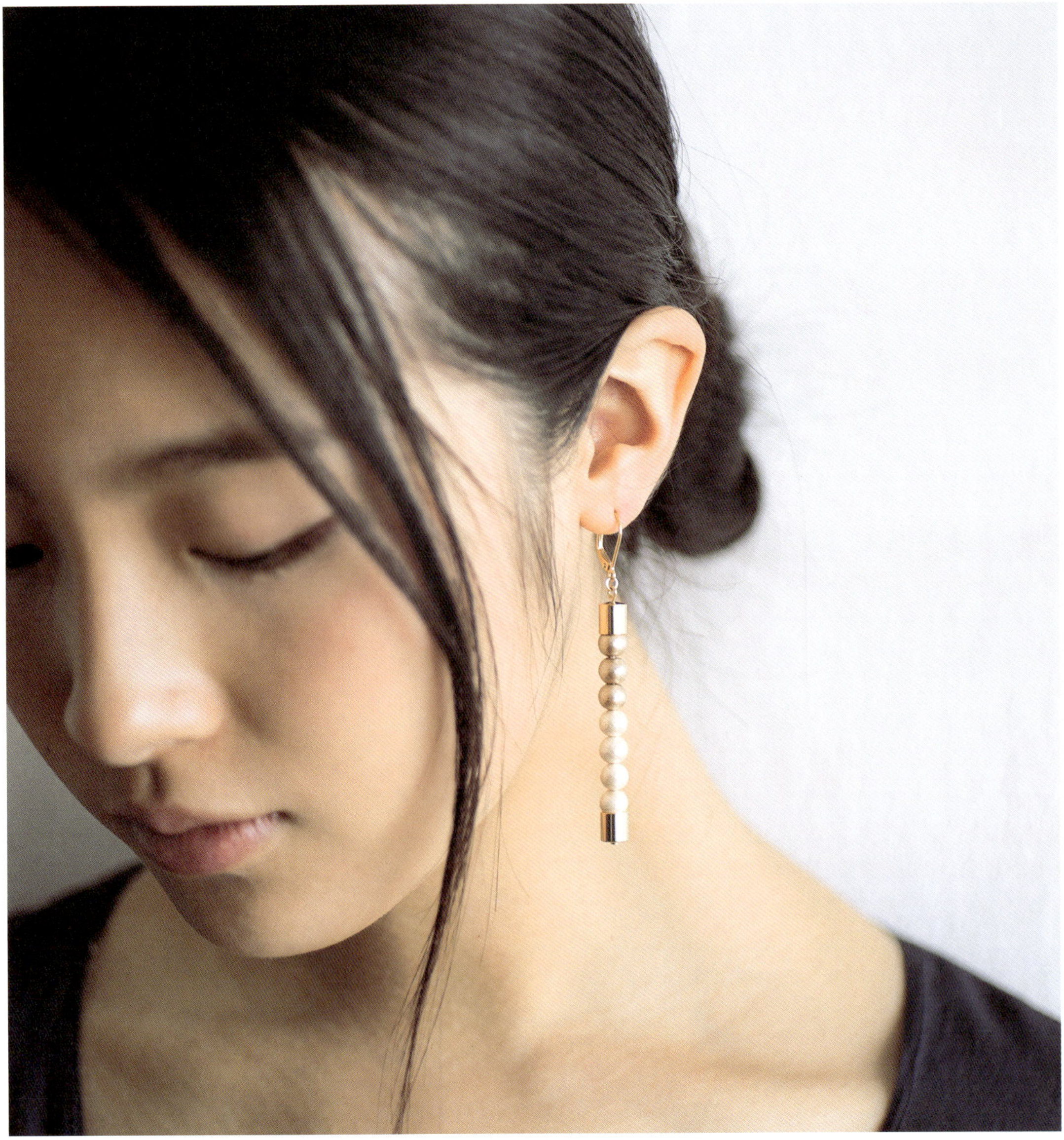

チョーカーのような雰囲気の短めネックレス。コットンパールを並べた部分は手でやわらかいカーブをつけて、ほどよいニュアンスを演出。

ピアス（P20）

材料

- Ⓐ コットンパール（6mm・ラウンド・両穴・キスカ）…8個
- Ⓑ コットンパール（6mm・ラウンド・両穴・ベージュ）…6個
- Ⓒ 円柱キャップ（内径5.4mm・ゴールド）…4個
- Ⓓ Tピン（0.7×66mm・ゴールド）…2本
- Ⓔ 丸カン（0.5×3mm・ゴールド）…2個
- Ⓕ ピアス金具（フレンチフック・ゴールド）…1ペア

道具

- ・平ヤットコ
- ・丸ヤットコ
- ・ニッパー

作り方

パーツを作る

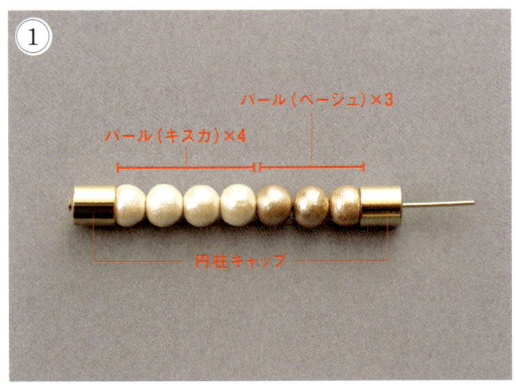

① Tピンに円柱キャップ、コットンパール、円柱キャップを順に通す。

② Tピンの根元から7mmの所を丸ヤットコではさみ、丸ヤットコの丸みに沿わせて手前に回転させ、丸める。ピンの輪が一周した所をニッパーでカットする。

ピンの丸め方 → P13

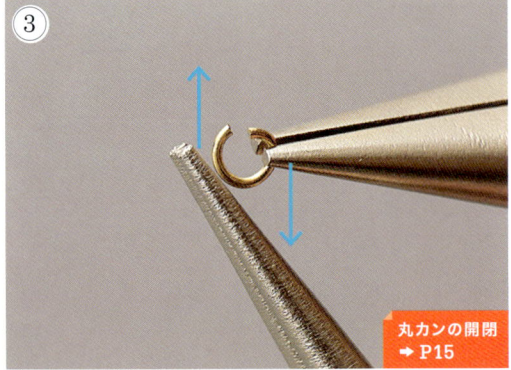

③ 丸カンをヤットコ2本で持ち、前後に動かして開く。

丸カンの開閉 → P15

パーツにピアス金具を接続する

④ 丸カンに②のパーツの輪とピアス金具の輪を通して閉じる。

ネックレス (P21)

材料

- A コットンパール (6mm・ラウンド・両穴・キスカ)…4個
- B コットンパール (6mm・ラウンド・両穴・ベージュ)…3個
- C チェーン (幅約2mm×長さ40cm・デザインチェーン・ゴールド)…1本
- D 円柱キャップ (5.4mm・ゴールド)…2個
- E 9ピン (0.7×70mm・ゴールド)…1本
- F 丸カン (0.5×3mm・ゴールド)…4個
- G 板ダルマ (8×4mm・ゴールド)…1個
- H 引き輪 (6mm・ゴールド)…1個

道具

- ・平ヤットコ
- ・丸ヤットコ
- ・ニッパー

作り方

パーツを作る

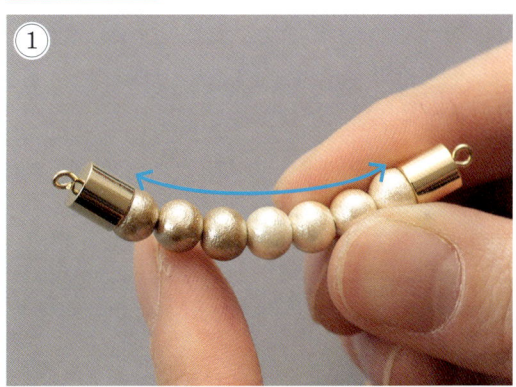

① Tピンの代わりに9ピンを使い、ピアスパーツの①〜②と同様にパーツを作り、手でパーツを曲げ、ゆるやかなカーブをつける。

パーツにチェーンを接続する

丸カンの開閉 → P15

② 丸カンをヤットコ2本で持って前後に動かして開き、①のパーツの輪とチェーンの端の輪を通し、丸カンを閉じる。もう一方にも同様にチェーンを接続する。

チェーンに留め金具を接続する

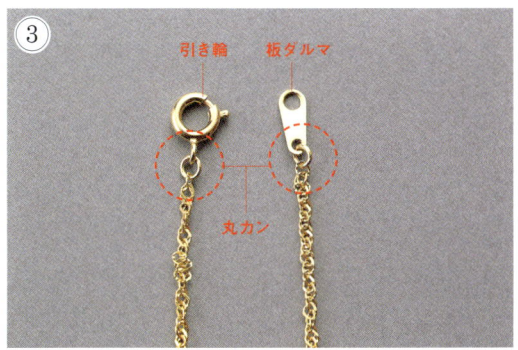

③ ①のパーツのキスカが左にくるように置く。丸カンを開き、左側のチェーンの先の輪、引き輪の輪(カン)を通して閉じる。反対側のチェーンの先に丸カンで板ダルマを接続する。

{ チェーンの タイプについて }

COLUMN

代表的な種類は「キヘイ」「アズキ」「甲丸」「スネーク」「連爪(れんづめ)」。このほかはデザインチェーンと呼ばれ、少量生産のものも多いので、同じものがなければ見た目が似たものか好みのものを使いましょう。

コットンパールのフォークリング

大ぶりのコットンパールが目をひくフォークリング。
土台にパールを接着するだけで完成します。

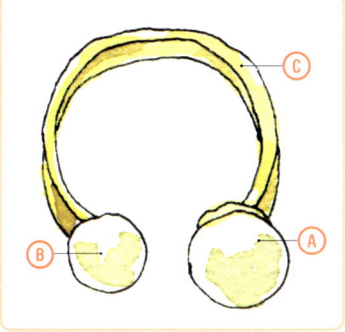

材料
- A コットンパール（8mm・片穴・キスカ）…1個
- B コットンパール（6mm・片穴・キスカ）…1個
- C フォークリング（ゴールド）…1個

・接着剤

作り方

コットンパールをリングに接着する

①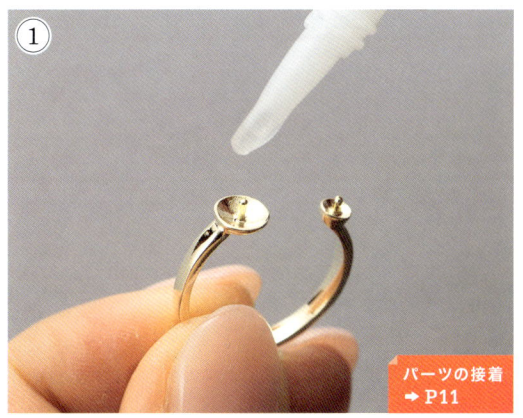

フォークリングの芯立て部分の面全体に、薄くまんべんなく接着剤を塗る。

パーツの接着 → P11

②

POINT
接着剤が乾くまで、スポンジなどに刺して立てておいても◎

芯の部分にコットンパールを差し込み、動かなくなるまでしばらく手で押さえ、接着する。

③

反対側も同様に接着する。

{ 「フォークリング」の身につけ方 }

フォークリングは、C字型をした土台つきのリング。手芸店などで購入できます。好きな指にはめることができ、コットンパールが指をサイドからはさむようなデザインが目を引きます。

Design No.
3

Kaori Tsuda

3粒パールのイヤリング

耳たぶにキラリと光る3粒のコットンパールは
ボーイッシュなスタイルにも好相性。左右どちらでも好きな位置につけて。

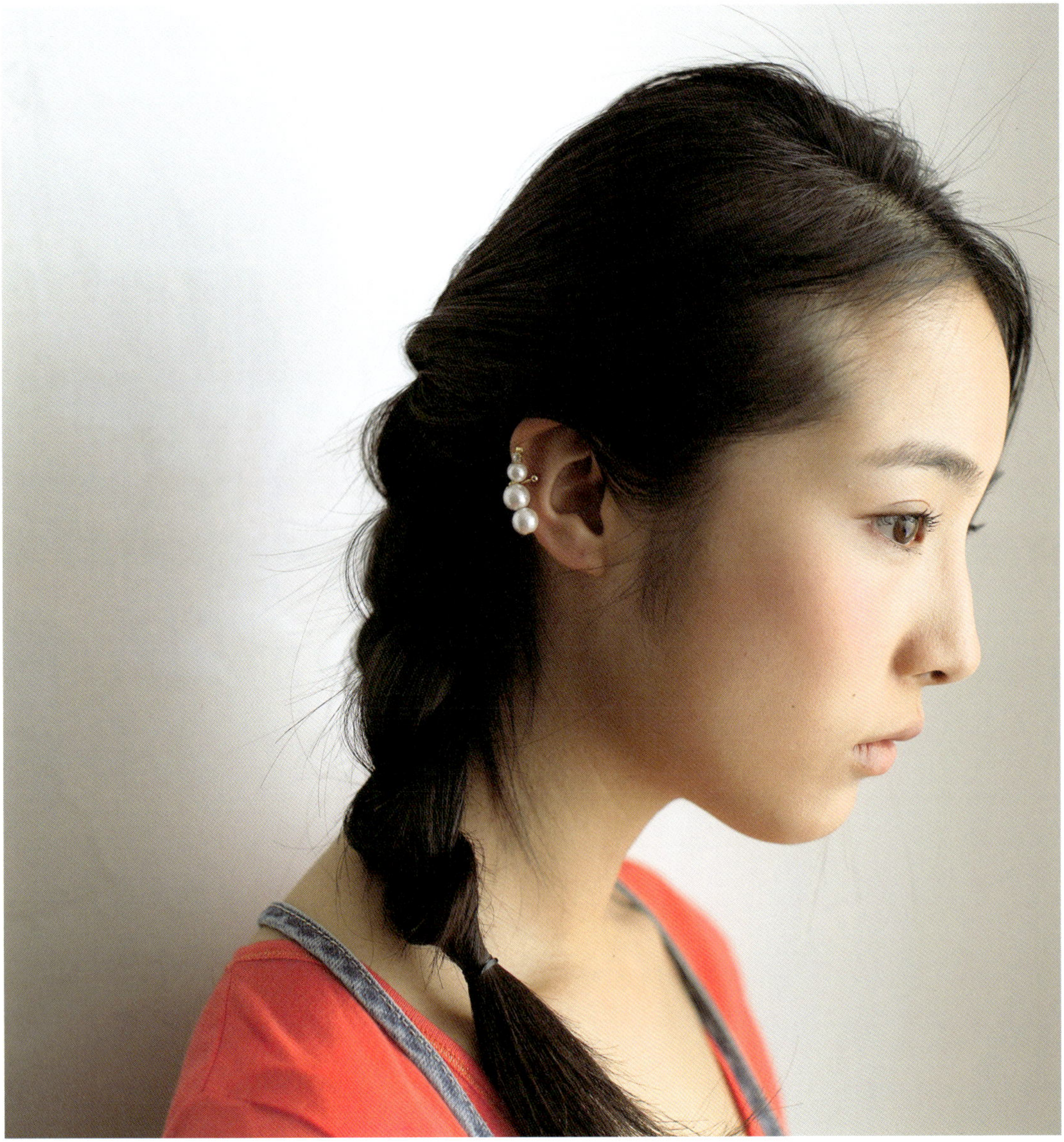

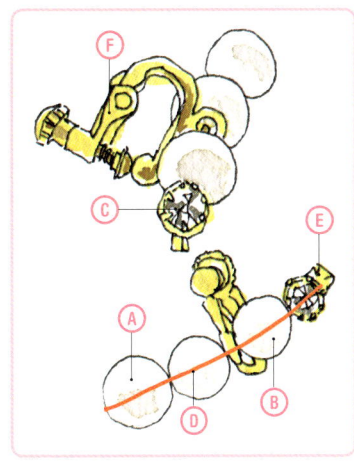

材料

- Ⓐ コットンパール（8mm・ラウンド・両穴・ホワイト）…2個
- Ⓑ コットンパール（6mm・ラウンド・両穴・ホワイト）…1個
- Ⓒ ジルコニア（3mm・4つ穴）…1個
- Ⓓ Tピン（0.6×30mm・ゴールド）…1個
- Ⓔ つぶし玉（2mm・ゴールド）…1個
- Ⓕ イヤリング金具（カン付き・ゴールド）…1個

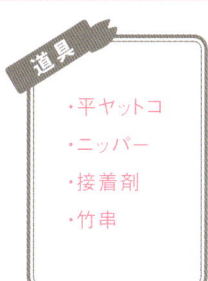

道具

- 平ヤットコ
- ニッパー
- 接着剤
- 竹串

作り方

Tピンに素材とイヤリング金具を通す

①
Tピンにコットンパール8mm2個、イヤリング金具、コットンパール6mm、ジルコニアの順に通す。

②
イヤリング金具の開閉ネジが向こう側の上部にくるように
ジルコニアが正面を向くように
つぶし玉のつぶし方 ➡ P15

Tピンの端につぶし玉を入れてパーツの向きを整え、つぶし玉を平ヤットコではさんでつぶす。つぶし玉より先にはみ出たTピンをニッパーでカットする。

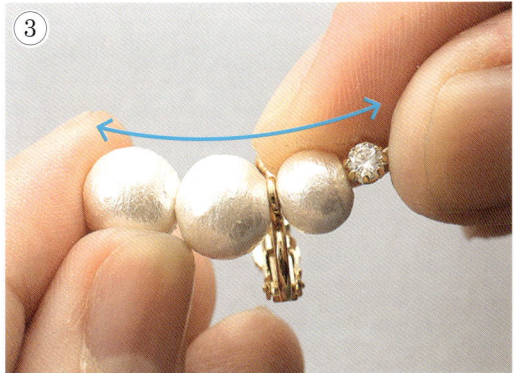

③
②のパーツを手で曲げてゆるやかなカーブを作る。

接着剤で固定する

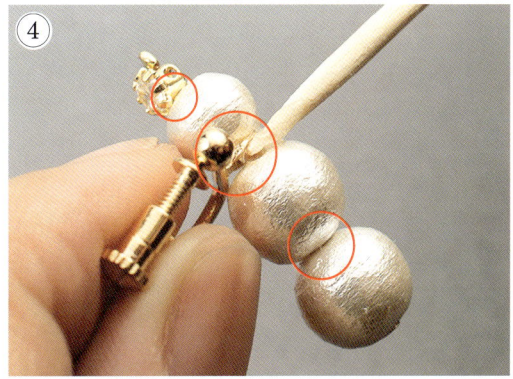

④
イヤリング金具とTピンの接合部分、ジルコニアとTピンの接合部分に竹串で接着剤を少量つけ、固定する。

27

Design No.
4

Chinami Iida

アクリルビーズのブレスレット&ピアス&ネックレス

ナチュラルな雰囲気のコットンパールを、外国製のビーズと合わせて。
間にはさんだメタルビーズが、全体を引き締めるアクセントに。

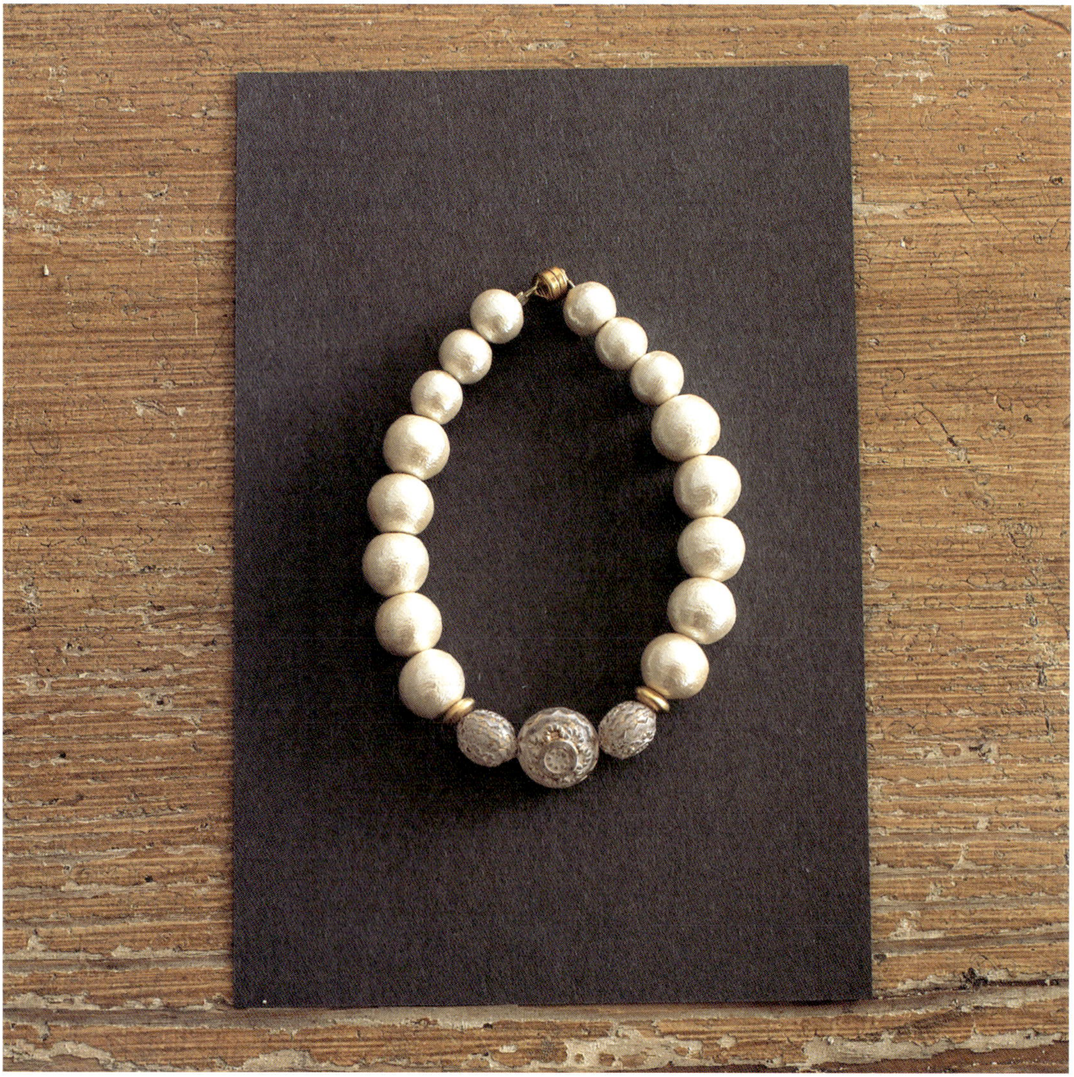

繊細な模様が刻まれたアンティーク調のビーズが、どこかノスタルジックな印象。シックにもカジュアルにも、ドレスアップしたスタイルにもよく合います。

ブレスレット（P28）

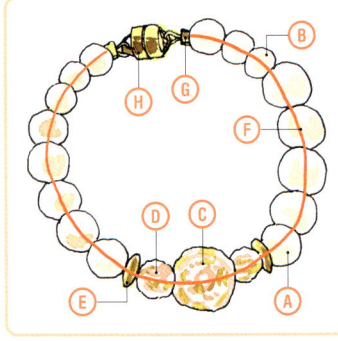

材料

- Ⓐ コットンパール（10mm・ラウンド・両穴・キスカ）…10個
- Ⓑ コットンパール（8mm・ラウンド・両穴・キスカ）…6個
- Ⓒ ドイツ製アクリルビーズ（14mm）…1個
- Ⓓ ドイツ製アクリルビーズ（10mm）…2個
- Ⓔ メタルビーズ（5×2mm・ゴールド）…2個
- Ⓕ ナイロンコードワイヤー（0.4mm）…30cm程度
- Ⓖ つぶし玉（1.5mm・ゴールド）…2個
- Ⓗ マグネットクラスプ（3mm・ゴールド）…1組

道具
- 平ヤットコ
- ニッパー

作り方

ワイヤーに素材を通す

①

ワイヤーにコットンパール、メタルビーズ、アクリルビーズを写真の順に通す。

ワイヤーの端を処理する

②

①のワイヤーの一方の端につぶし玉とマグネットクラスプを順に通し、ワイヤーの先を再びつぶし玉に通す。さらにワイヤーを端のパール1〜3個に通す。

③

つぶし玉のつぶし方 → P15

ワイヤーの先端をひっぱってマグネットクラスプとつぶし玉の間のすき間を詰め、つぶし玉を平ヤットコではさんでつぶす。

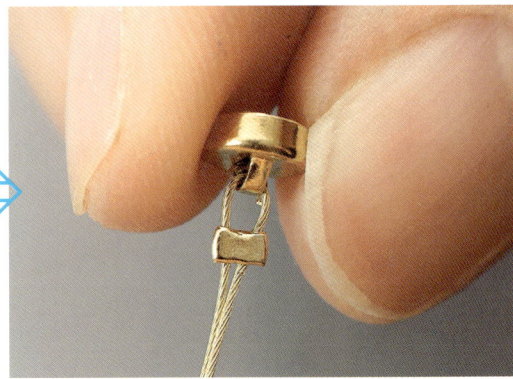

つぶした後の状態。

{ 磁力で簡単に留められる「マグネットクラスプ」が便利 }

COLUMN

ブレスレットやネックレスを作るときに使う留め金具。留め金具の種類には8ページで紹介した引き輪やアジャスターがありますが、ここではマグネットクラスプを使用しています。磁石の力でくっつくので、片手でもつけはずしがとてもスムーズ。なかなか留められずにイライラしたり、人に頼んだりということがありません。見た目もスッキリしているので、デザインの邪魔にならないところも魅力です。

④

POINT
端のパール1～3個程度に通しておくと、ワイヤーがゆるんで外れたりしにくい。

③で引き出したワイヤーは、パールからはみ出た部分をニッパーでカットする。

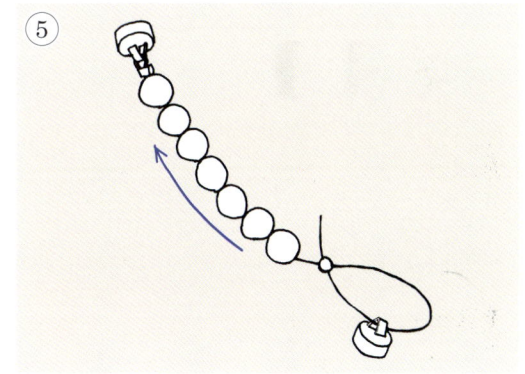

⑤

③で固定した方向にパールを寄せてゆるみをなくし、反対側のワイヤーの端にもつぶし玉とマグネットクラスプを順に通す。

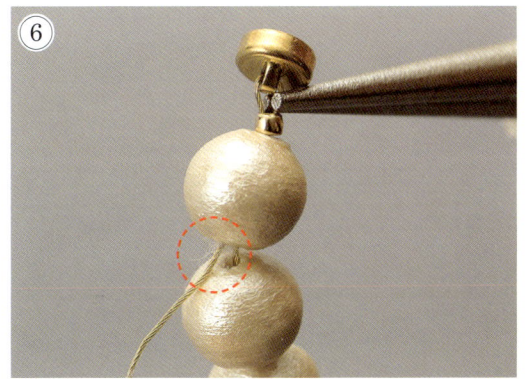

⑥

ワイヤーを端のパール1～3個に通し、先端をひっぱってゆるみをなくす。つぶし玉を平ヤットコではさんでつぶし、パールからはみ出た部分をニッパーでカットする。

完成！

ピアス (P29)

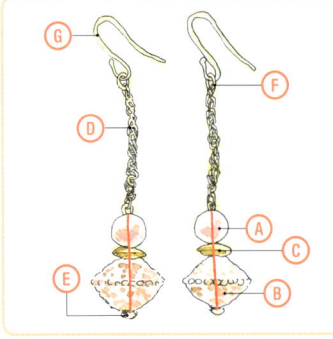

材料

- A コットンパール (6mm・ラウンド・両穴・キスカ) …2個
- B ドイツ製アクリルビーズ (18×13mm) …2個
- C メタルビーズ (5×2mm・ゴールド) …2個
- D チェーン (幅約2mm×長さ60mm・デザインチェーン・ゴールド) …2本
- E デザインピン (0.5×30mm・ゴールド) …2本
- F 丸カン (0.5×3mm・ゴールド) …4個
- G ピアス金具 (U字・ゴールド) …1ペア

道具

- 平ヤットコ
- 丸ヤットコ
- ニッパー

作り方

パーツを作る

①

ピンの丸め方 ➡ P13

デザインピンにビーズとパールを通し、ピンの根元を直角に折り曲げ、根元から7mmの所を丸ヤットコではさみ、丸ヤットコの丸みに沿わせて手前に回転させ、丸める。輪が一周した所をニッパーでカットする。

②

丸カンの開閉 ➡ P15

丸カンをヤットコ2本で持って前後に動かして開き、①のピンの輪とチェーンの端の輪を通し、丸カンを閉じる。

パーツにピアス金具を接続する

③

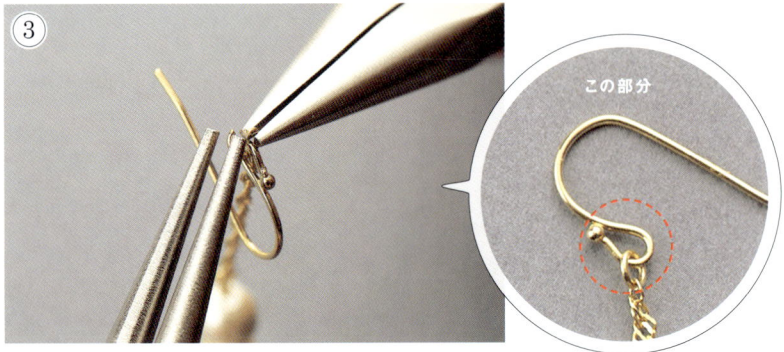

この部分

丸カンを開き、②のチェーンの端とピアス金具の輪を通し、丸カンを閉じる。

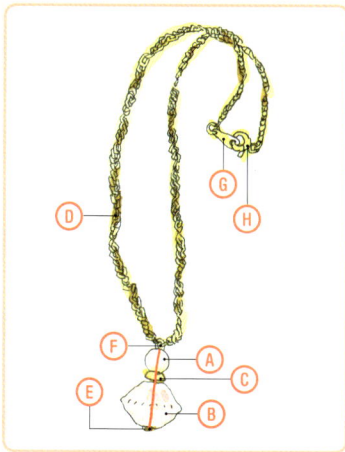

ネックレス（P29）

材料

- A コットンパール（6mm・ラウンド・両穴・キスカ）…1個
- B ドイツ製アクリルビーズ（18×13mm）…1個
- C メタルビーズ（5×2mm・ゴールド）…1個
- D チェーン（幅2mm×長さ40cm・デザインチェーン・ゴールド）…1本
- E デザインピン（0.5×30mm・ゴールド）…1個
- F 丸カン（0.6×3mm・ゴールド）…2個
- G 板ダルマ（8×4mm・ゴールド）…1個
- H 引き輪（6mm・ゴールド）…1個

道具

- 平ヤットコ
- 丸ヤットコ
- ニッパー

作り方

パーツを作る

①

ピアスの①と同様にパーツを作る。

パーツにチェーンを接続する

②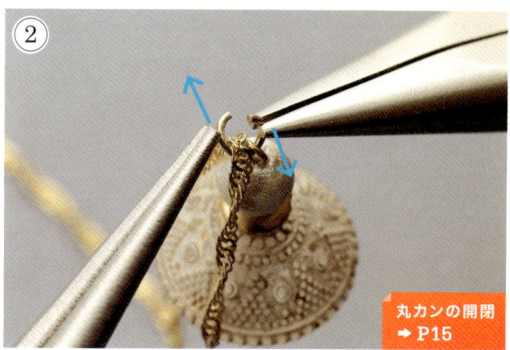

丸カンの開閉 → P15

丸カンをヤットコ2本で持って前後に動かして開き、①のピンの輪とチェーンを通し、丸カンを閉じる。

チェーンに留め金具を接続する

③

丸カンを開いてチェーンの一方の端の輪と引き輪の輪（カン）を通し、丸カンを閉じる。反対側のチェーンに丸カンで板ダルマを接続する。

COLUMN 「アクリルビーズ」について

本作で使ったドイツ製アクリルビーズのようなおしゃれなビーズは、手芸店やビーズ専門店で購入できます。お店によって品揃えは異なるので、宝探しをするように自分のお気に入りを見つけてみましょう。

Design No.
5

Kaori Tsuda

リボンのネックレス

後ろでちょうちょ結びするタイプなので、好きな長さに調整できます。
バックスタイルもかわいいネックレスです。

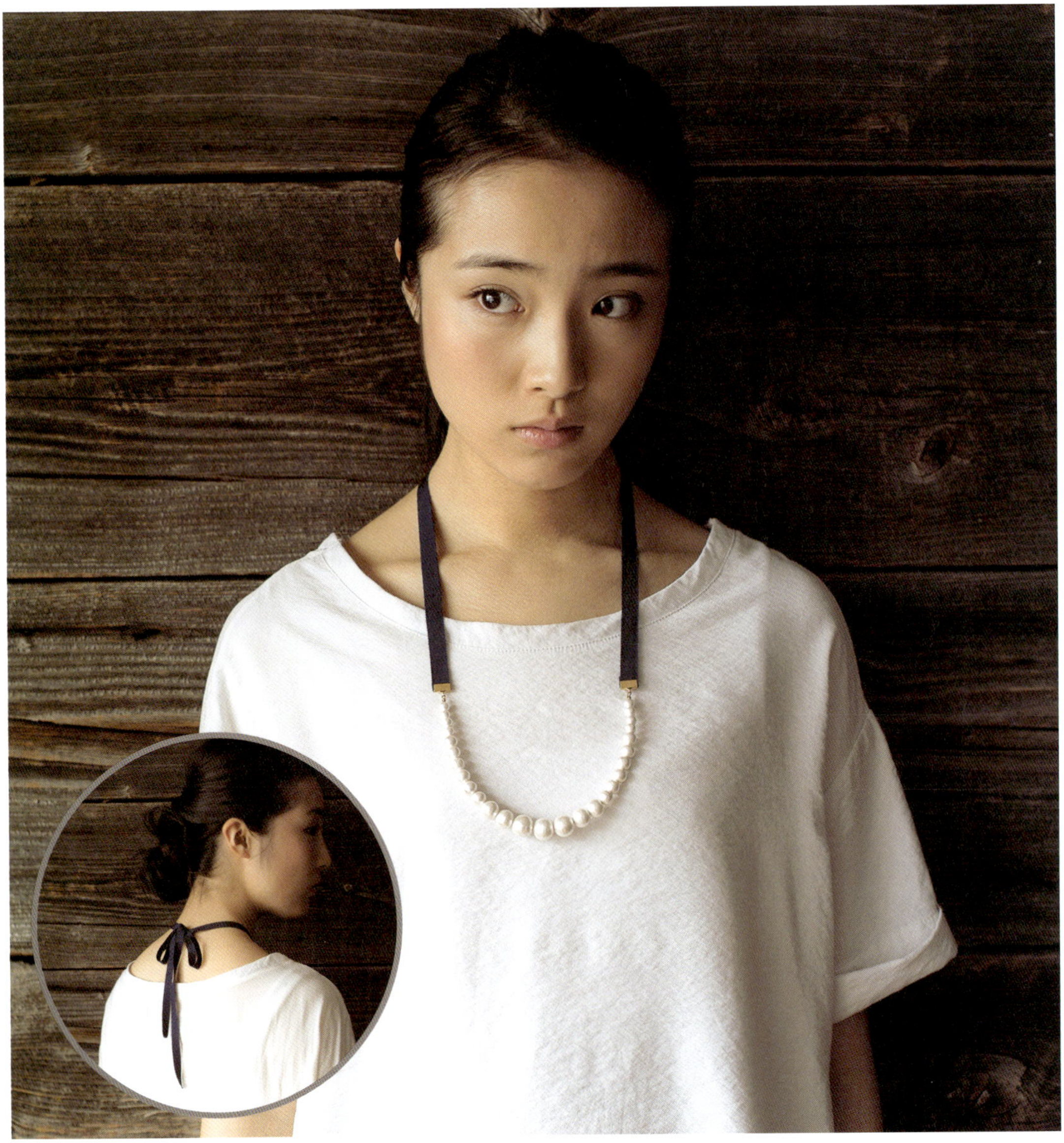

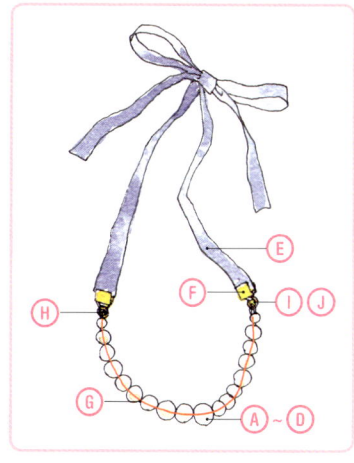

材料

- Ⓐ コットンパール（12mm・ラウンド・両穴・キスカ）…3個
- Ⓑ コットンパール（10mm・ラウンド・両穴・キスカ）…4個
- Ⓒ コットンパール（8mm・ラウンド・両穴・キスカ）…12個
- Ⓓ コットンパール（6mm・ラウンド・両穴・キスカ）…8個
- Ⓔ リボン（幅10mm×長さ60cm・ネイビー）…2本
- Ⓕ リボン用金具（8mm・ゴールド）…2個
- Ⓖ テグス（2号）…80～100cm程度
- Ⓗ 丸カン（0.6×3mm・ゴールド）…2個
- Ⓘ つぶし玉（2mm・ゴールド）…2個
- Ⓙ ボールチップ（3.5mm・ゴールド）…2個

道具

- ・平ヤットコ
- ・丸ヤットコ
- ・接着剤

作り方

テグスの端を処理する

①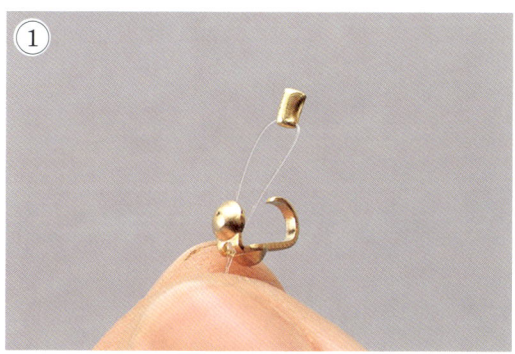

テグスにつぶし玉を通し、長さの半分の位置で平ヤットコでつぶす。テグスを半分に折って二重にし、ボールチップをくぼんだ方から通す。つぶし玉、ボールチップのすき間を詰め、ボールチップを平ヤットコで閉じる。

テグス2本に素材を通し、端を処理する

②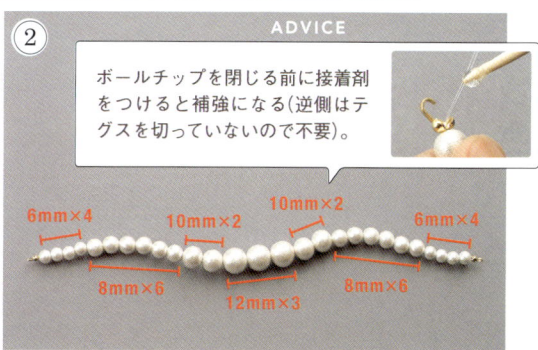

ADVICE ボールチップを閉じる前に接着剤をつけると補強になる（逆側はテグスを切っていないので不要）。

パールを写真の順に通し、通し終わりにボールチップ、つぶし玉も順に通す。パール、ボールチップ、つぶし玉の間のすきまをつめ、つぶし玉を平ヤットコでつぶす。ボールチップのフックの先を平ヤットコではさんで輪を作る。

リボンの端を処理する

③

ADVICE 金具で留めない方のリボンの端がほつれる場合は、端を7～8mm折り、折った面に接着剤を塗って再度折り、固定する。

2本のリボンの端を7～8mmずつ3回くらい巻き、リボン用金具ではさんで平ヤットコで金具全体をぎゅっと押さえ、固定する。もう1本のリボンも同様にする。

パーツとリボン用金具を接続する

④

丸カンの開閉 → P15

丸カンをヤットコ2本で持って前後に動かして開き、②のパーツの輪とリボン金具の穴を通し、丸カンを閉じる。反対側も同様に処理する。

Kaori Tsuda

カラフルピアス

淡いコットンパールに、ビビッドな色のビーズが効いたピアス。
モノトーンでまとめたコーディネートの、ピリッとしたスパイスに。

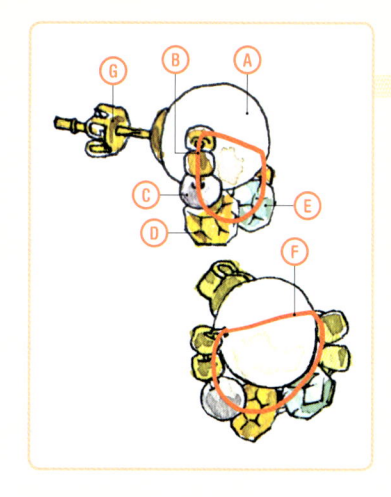

材料

- Ⓐ コットンパール〔8mm・ラウンド・両穴・ホワイト〕…2個
- Ⓑ 丸小ビーズ〔ゴールド〕…8個
- Ⓒ ケシパール〔3mm・グレー〕…2個
- Ⓓ ボタンカットビーズ〔4mm・イエロー〕…2個
- Ⓔ ファイアポリッシュ〔4mm・ブルー〕…2個
- Ⓕ ワイヤー〔#34・ゴールド〕…10cm×2本
- Ⓖ ピアス金具〔ゴールド〕…1ペア

道具

- ニッパー
- 目打ち
- 接着剤

作り方

※作り方はブルー（P36写真左）で紹介。レッド（写真右）を作る場合は、Ⓒをケシパール〔3mm・ゴールド〕に、Ⓓをラウンド多面カットビーズ〔4mm・レッド〕に、Ⓔをケシパール〔3mm・ネイビー〕に置き換える。

ワイヤーに素材を通してパーツを作る

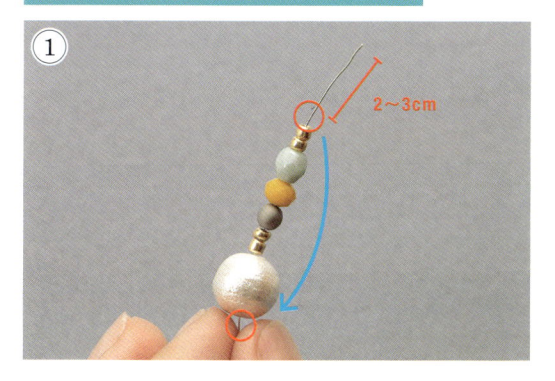

① ワイヤーにコットンパール、丸小ビーズ2個、ケシパール、ボタンカットビーズ、ファイアポリッシュ、丸小ビーズ2個の順に通す。ワイヤーの先を2〜3cm残し、パールにビーズを沿わせて〇部分を合わせる。

② 2本のワイヤーを1cmほどねじって固定し、余分な部分をニッパーでカットする。

POINT：強くねじると負荷がかかって切れることもあるので注意。

③ 固定後のワイヤーはビーズとパールの間に倒し、正面から見えないようにする。

この辺りに折ってかくす

パーツにピアス金具を接着する

④ ③をファイアポリッシュが左下にくるように置き、コットンパールの中心に目打ちで3〜5mmの深さの穴をあける。ピアス金具の芯立部分の面全体に、薄くまんべんなく接着剤を塗り、パールを差し込んで接続する。

Design No.
7

Chiho Shimatani

ぽんぽんイヤーフック

軽いコットンパールだからこそできる、ボリューム感のあるデザイン。
前、横、後ろ…どこから見てもかわいい仕上がりに。

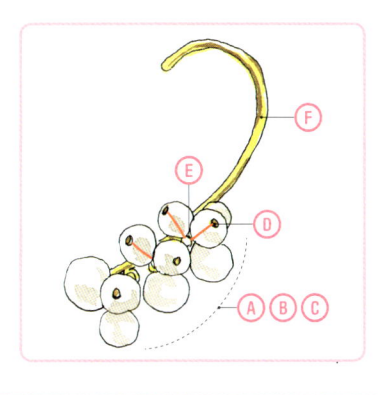

材料

- Ⓐ コットンパール（12mm・ラウンド・片穴・キスカ）…1個
- Ⓑ コットンパール（10mm・ラウンド・片穴・キスカ）…5個
- Ⓒ コットンパール（8mm・ラウンド・片穴・キスカ）…6個
- Ⓓ Tピン（0.6×20mm・ゴールド）…12本
- Ⓔ 丸カン（0.6×4mm・ゴールド）…18個
- Ⓕ イヤーフック（丸カン付き・ゴールド）…1個

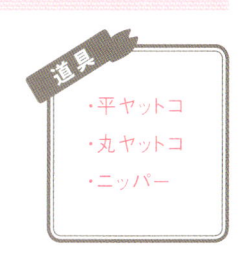

道具

- 平ヤットコ
- 丸ヤットコ
- ニッパー

作り方

パーツを作る

① Tピンにコットンパールを1個通し、ピンの根元を直角に折り曲げ、根元から7mmの所を丸ヤットコではさみ、ヤットコの丸みに沿わせて手前に回転させ、丸める。輪が一周した所をニッパーでカットする。これを計12個作る。

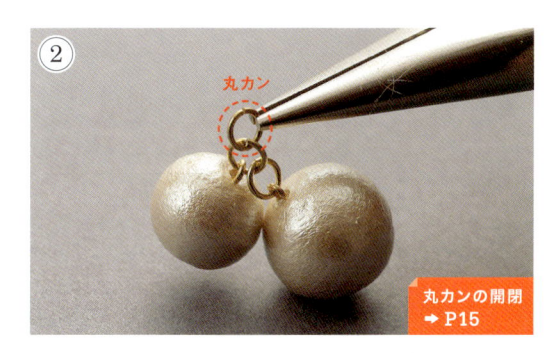

ピンの丸め方 → P13

② 丸カンを開き、①のうち12mmのパールを1個通して閉じる。同様に10mmのパールにも丸カンをつける。この2つをさらに丸カンでまとめる。

丸カンの開閉 → P15

パーツをイヤーフックに取り付ける

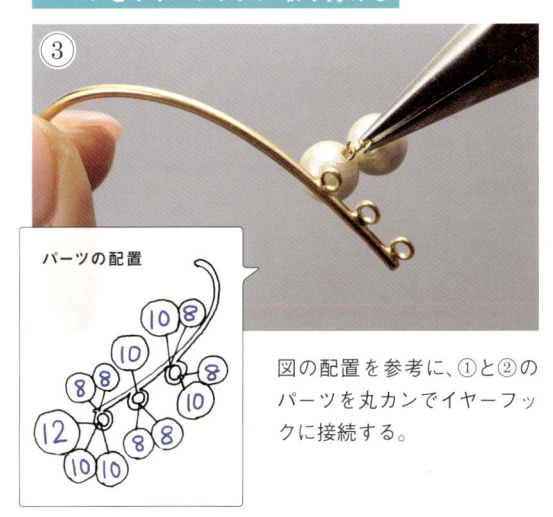

③ 図の配置を参考に、①と②のパーツを丸カンでイヤーフックに接続する。

パーツの配置

チェンジ

リボン2本をプラス

イヤーフックの丸カンの間に右下の写真を参考にしてリボン（オーガンジー）2本を結ぶ。適当な長さを残してカットする。

Design No. 8

Chinami Iida

大ぶりビジューのブローチ&指輪

ビジューをポイントにしたきらびやかなブローチと指輪。
「ビビッ」ときた色を組み合わせて。

フランス語で"宝石"の意味を持つビジュー。グリーン×ピンクの鮮やかな配色が目を引きます。

リング (P41)

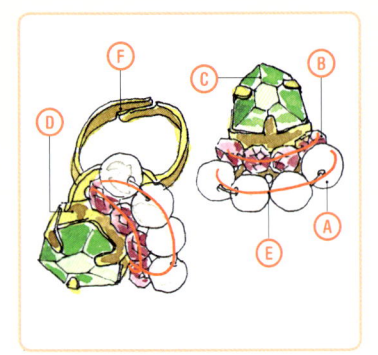

材料

- A コットンパール (6mm・ラウンド・両穴・リッチクリーム)・・・4個
- B チェコビーズ (4mm・クリアレッド)・・・4個
- C スワロフスキー (12mm・#4706ダークモスグリーン)・・・1個
- D スワロフスキー台座 (12mm・ゴールド)・・・1個
- E テグス (3号)・・・30〜40cm程度
- F シャワー金具 (15mm・リング台座付き・ゴールド)・・・1個

道具

- 平ヤットコ
- はさみ

作り方

シャワー金具に素材をつける

① スワロフスキーを台座にセットし、平ヤットコでツメをはさんでスワロフスキー側に倒して固定する。

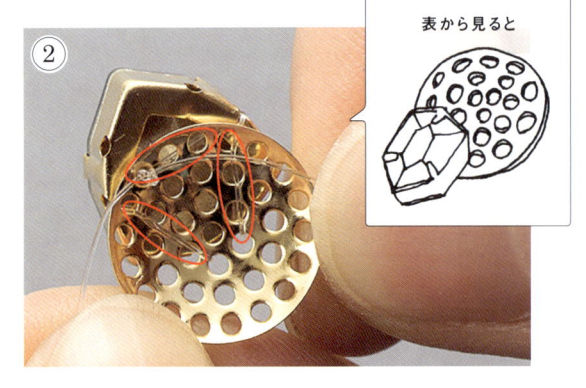

② ①を図の位置に配置し、テグスでシャワー金具につけ、裏でテグスを固結びにする。丸の3カ所にテグスを通し、同様に裏で固結びにする。

表から見ると

③ ②のテグスをシャワー金具の表に通す。チェコビーズ4個を一気に通し、金具の裏で固結びにする（1周目）。テグスを再び金具の表に出し、1周目のワイヤーに交差させ、金具の裏で固結びにする。

シャワー金具を台座につける

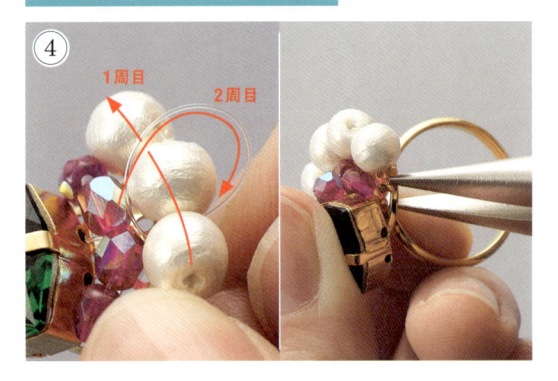

④ ③と同様にコットンパール4個を金具につける。最後に結び目からはみ出たワイヤーをカットする。シャワー金具にリング台座をセットし、平ヤットコでツメをはさみ、内側に倒して固定する。

ブローチ（P40）

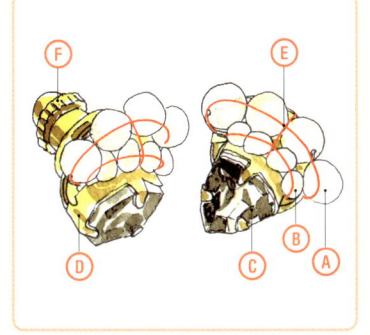

材料

- Ⓐ コットンパール（6mm・ラウンド・両穴・グレー）…4個
- Ⓑ 淡水パール（4mm・ホワイト）…4個
- Ⓒ スワロフスキー（12mm・#4706クリスタルシルバーナイト）…1個
- Ⓓ スワロフスキー台座（12mm・ゴールド）…1個
- Ⓔ テグス（3号）…30〜40cm程度
- Ⓕ シャワー金具（15mm・ピンブローチ台座付き・ゴールド）…1個

道具

- 平ヤットコ
- はさみ

作り方

シャワー金具に素材をつける

① チェコビーズを淡水パールに置き換えて、リングと同様にシャワー金具に素材をテグスで固定する。

シャワー金具を台座につける

② ①をピンブローチ台座にセットし、平ヤットコで台座のツメをはさみ、内側に倒して固定する。

{ コットンパールやビーズの上手な収納アイデア }

アクセサリー製作を進めていくと、コットンパールやビーズ、丸カンやTピンなどの材料がだんだん増えてきます。買ったときの袋のままだとやぶれて散らかったり、ストックがあったか忘れてしまったりすることが多いもの。おすすめは、手芸店などにある小分けの収納ボックスを使うこと。100円ショップなどにあるピルケースや、ネイル用の材料を入れるケースなども役立ちます。ビーズを色別に分けたり、丸カンをサイズ別にまとめておけば、製作中も必要なものがすぐに取り出せて便利です。

COLUMN

Design No. 9

Chinami Iida

ターコイズのピアス&ブレスレット

ターコイズとの組み合わせが新鮮なアクセサリーは
カーブパイプで都会的な印象に。リゾートファッションとも好相性です。

チューブのような形を
したカーブパイプは、
太さや長さもさまざま。
曲線的なラインが女性
らしさを演出します。

ピアス（P44〜45）

材料

- Ⓐ コットンパール（10mm・ラウンド・両穴・キスカ）…2個
- Ⓑ コットンパール（6mm・ラウンド・両穴・キスカ）…2個
- Ⓒ ターコイズ（8mm）…2個
- Ⓓ カーブパイプ（2.2×36mm・ゴールド）…2個
- Ⓔ 9ピン（0.8×65mm・ゴールド）…2本
- Ⓕ Tピン（0.6×25mm・ゴールド）…2本
- Ⓖ ピアス金具（フレンチフック・ゴールド）…1ペア

道具
- 平ヤットコ
- 丸ヤットコ
- ニッパー

作り方

パーツを作る

① 9ピンにターコイズ、6mmのコットンパール、カーブパイプを順に通す。ピンの根元を直角に折り曲げ、根元から7mmの所を丸ヤットコではさみ、ピンを丸ヤットコの丸みに沿わせて手前に回転させ、丸める。輪が一周した所をニッパーでカットする。

ピンの丸め方 ➡ P13

② Tピンに10mmのコットンパールを通し、端を①と同様に丸ヤットコで丸める。

パーツにピアス金具を接続する

③ ②のピンの輪の巻き終わり部分を平ヤットコではさみ、前後に動かして輪を開き、①のパーツの下のピンの輪を通して閉じる。

④ ③の上部のピンの輪を開いてピアス金具の輪（カン）を通し、閉じる。

ブレスレット（P44〜45）

材料

- Ⓐ コットンパール（8mm・ラウンド・両穴・キスカ）…11個
- Ⓑ コットンパール（6mm・ラウンド・両穴・キスカ）…1個
- Ⓒ ターコイズ（8mm）…1個
- Ⓓ ターコイズ（6mm）…1個
- Ⓔ カーブパイプ（2.2×36mm・ゴールド）…1個
- Ⓕ アーティスティックワイヤー（♯20）…10cm程度
- Ⓖ 9ピン（0.6×20mm・ゴールド）…10本
- Ⓗ マンテル（輪13mm・バー8mm・ゴールド）…1組

道具

- 平ヤットコ
- 丸ヤットコ
- ニッパー

作り方

パーツを作る

① 9ピンに8mmのコットンパールを通し、ピンの端をピアスの①と同様に丸ヤットコで丸める。これを10個作る。

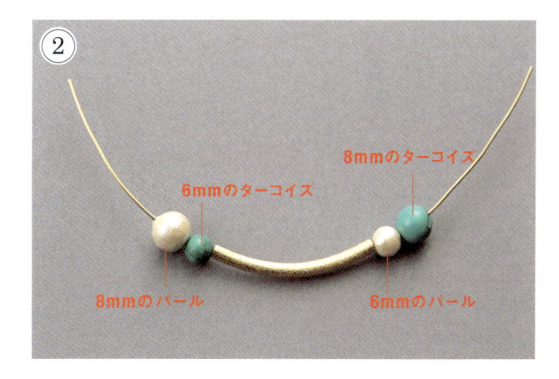

② ワイヤーにカーブパイプ、コットンパール、ターコイズを写真の順に通す。

③ 根元から7mm辺りを丸ヤットコではさんで丸める

POINT：ワイヤーの先を外側に引っぱりながら巻く。

素材をワイヤーの中央に置き、両端のワイヤーを直角に折ってピアスの①と同様に丸ヤットコで丸める。輪を平ヤットコではさんで固定し、ワイヤーの先を丸ヤットコではさんで輪の根元に2周巻き付ける。はみ出た部分をニッパーでカットする

パーツをつなげ、留め金具を接続する

④ ①のピンの巻き終わりを平ヤットコではさんで輪を開閉し、①のパーツを5個つなげる。同様にもう1セット作る。これを③のパーツの両端に接続する。さらに、◯の位置にマンテルを接続する。

Design No.

10

Chiho Shimatani

リボンのピアス

耳元で揺れる愛らしいデザインのピアス。
リボンの色合いで印象が変わります。

Design No.

11

Kaori Tsuda

花のピアス

コットンパールの周りにぐるりと並んだカラフルビーズ。
花が咲いたような華やかなピアスです。

ピアス (P48)

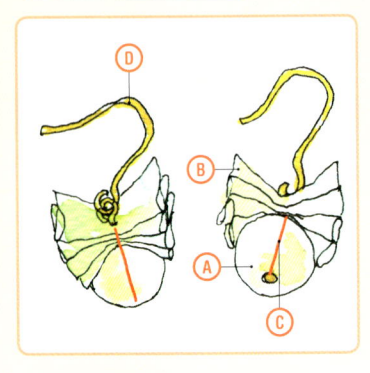

材料

- A コットンパール (10mm・ラウンド・両穴・ホワイト)…2個
- B シルクリボン (幅12mm×長さ50mm・グリーン)…2本
- C Tピン (0.6×20mm・ゴールド)…2本
- D ピアス金具 (U字・ゴールド)…1ペア

道具

- 平ヤットコ
- 丸ヤットコ
- 目打ち (細いもの)

※作り方はグリーンのピアスで紹介。ピンクのイヤリングを作りたい場合はBをピンクに、Dをイヤリング金具に置き換える。

作り方

リボンに穴を開ける

1

POINT: 穴が大きいとリボンが動いて固定できないので、なるべく細い目打ちで。

リボンを3〜4mm幅にじゃばらに折りながら(4ひだできる)、目打ちで中心に穴を空ける。

パーツを作る

2

Tピンにコットンパールを通し、リボンの穴に通す。

3

POINT: リボンが開いてこないよう、指で押さえながらピンを丸める。

Tピンの根元7mmくらいを残して先端をニッパーでカットする。ピンの先を丸ヤットコではさみ、ヤットコの丸みに沿わせて手前に回転させ、丸める。

パーツにピアス金具を接続する

4

POINT: ピンの輪は丸カンと同様、上下に動かそうとするとうまくいかないので注意。

③のピンの輪の巻き終わり部分を平ヤットコではさみ、前後に動かして輪を開き、ピアス金具を通して閉じる。

ピアス（P49）

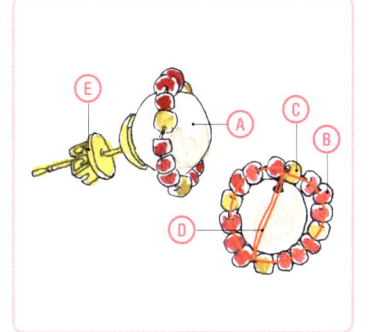

材料

- A コットンパール（6mm・ラウンド・両穴・ホワイト）…2個
- B 丸小ビーズ（ピンク）…24個
- C 丸小ビーズ（ゴールド）…8個
- D ワイヤー（#34・ゴールド）…20cm×2本
- E ピアス金具（芯立・ゴールド）…2個

道具

- ニッパー
- 接着剤
- 目打ち

※作り方はピンク&ゴールドで紹介。ほかの色を作りたい場合は以下のように置き換える。
イエロー：Bを丸小ビーズ（イエロー）に
ブルー：Bを丸小ビーズ（ブルー）に
ホワイト：Bを丸小ビーズ（ホワイト）に
Cをパールビーズ（2mm・ホワイト）に。

作り方

ワイヤーに素材を通してパーツを作る

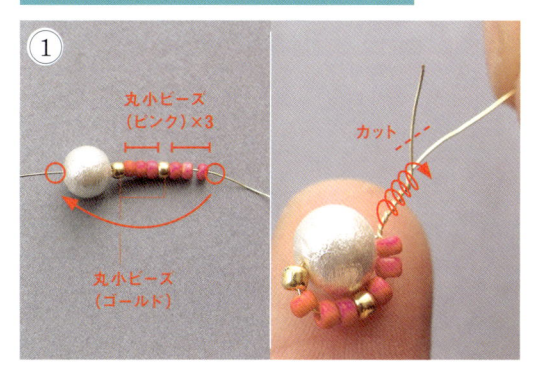

① ワイヤーに素材を写真の順に通し、ビーズの先のワイヤーを3cmほど残してパールにビーズを沿わせ、○部分を合わせる。2本のワイヤーを5mmほどねじって短い方の端をニッパーでカットする。

② ①でねじってまとめたワイヤーに①と同様にビーズを通して残りの半周を作り、1回目のビーズとコットンパールの間にワイヤーをくぐらせる。

パーツにピアス金具を接着する

③ ワイヤーを引っぱって引き締め、2回ほど巻き付けて固定する。ワイヤーを再度コットンパールに通し、引っぱってゆるみをなくし、はみでた部分をカットする。

④ コットンパールの中央に目打ちで3～5mmの深さの穴を開ける。ピアス金具に接着剤をつけて差し込み、接着する。

パールの穴の開け方 → P18

Design No.

12

Kaori Tsuda

レディなヘアコーム

無造作なアップヘアも、コームをさすだけで華やかに。
パーティなどフォーマルなドレススタイルにも合います。

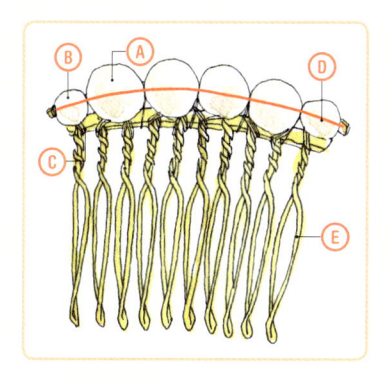

材料

- Ⓐ コットンパール（8mm・ラウンド・両穴・ホワイト）…4個
- Ⓑ コットンパール（6mm・ラウンド・両穴・ホワイト）…2個
- Ⓒ ワイヤー（#34・ゴールド）…20cm程度
- Ⓓ Tピン（0.8×50mm・ゴールド）…1本
- Ⓔ コーム金具（35×35mm・ゴールド）…1個

道具

- 平ヤットコ
- ニッパー

作り方

パーツを作る

①

つぶし玉のつぶし方 ➡ P15

Tピンにコットンパール6mm1個、8mm4個、6mm1個の順に通す。つぶし玉も通して平ヤットコではさんでつぶし、つぶし玉からはみ出たピンをニッパーでカットする。

パーツをコームに取り付ける

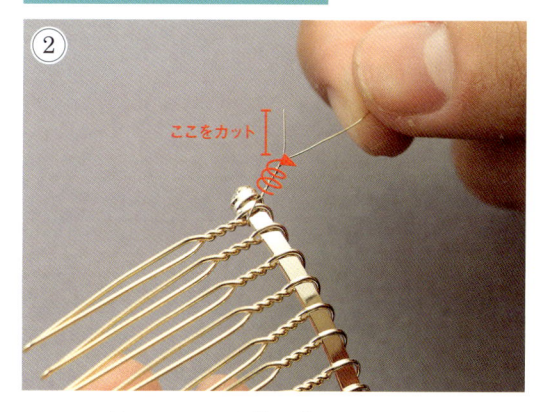

② ここをカット

コームの端にワイヤーを巻き付けて5mmほどねじり、短い方の端をニッパーでカットする（ねじった部分はそのまま）。

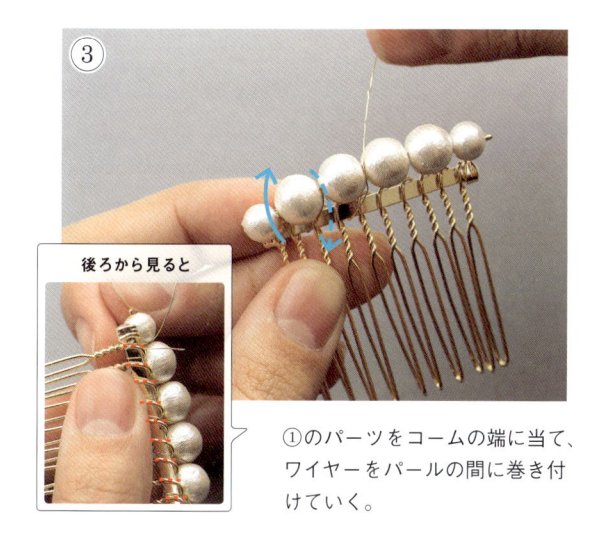

③ 後ろから見ると

①のパーツをコームの端に当て、ワイヤーをパールの間に巻き付けていく。

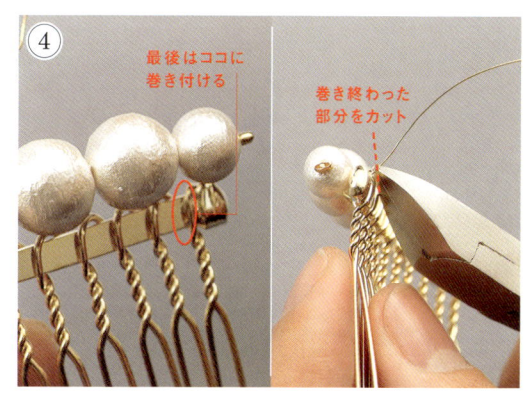

④ 最後はココに巻き付ける / 巻き終わった部分をカット

巻き終わりはワイヤーをコームの土台部分に3回ほど巻き付ける。最後はコームの裏側に通し、コームからはみ出た部分をニッパーでカットする。

Design No. 13

Chinami Iida

バイカラーのシューズクリップ

渋めの色合いのリボンに、パールが映えます。
クリップタイプなので、バッグや帽子にもつけられます。

キラリと光るコットンパールが印象的。マニッシュなアイテムにも女性らしさを添えてくれます。

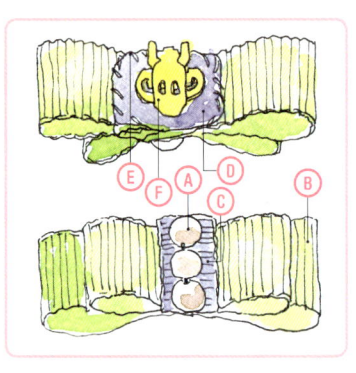

材料

- Ⓐ コットンパール（6mm・ラウンド・両穴・キスカ）…6個
- Ⓑ グログランリボン（幅18m×長さ20cm・グリーン）…2本
- Ⓒ グログランリボン（幅9mm×長さ4cm・ネイビー）…2本
- Ⓓ フェルト（18×20mm・ネイビー）…2枚
- Ⓔ 糸（ネイビー）…適量
- Ⓕ シューズクリップ金具…1ペア

道具

- 平ヤットコ
- 目打ち
- 針
- はさみ

作り方

リボンにパールを縫い付ける

① グリーンのリボンを図のように8の字にたたんで重ねる。

POINT 中央の◯部分が重なるようにする。

② グリーンのリボンの中心の位置にネイビーのリボンをあて、裏側で端が重なるように巻き付ける。

POINT グリーンのリボンが広がらないよう、指で押さえながらネイビーのリボンを巻く。

③ 針に糸を通して端を結ぶ。リボンの裏側から写真の★の位置に向けて刺し、コットンパール3個を糸に通す。

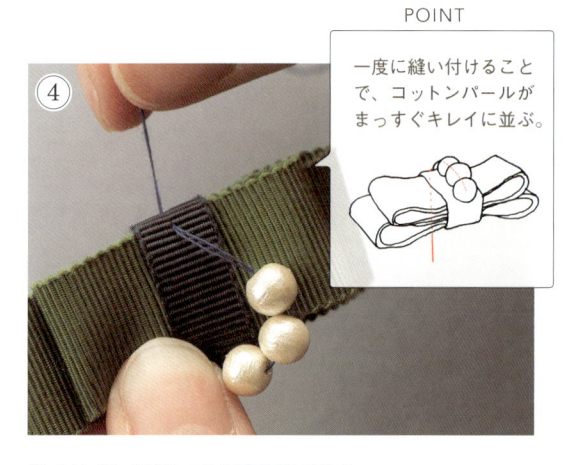

④ 針をリボンに刺して再び裏側に通す。

POINT 一度に縫い付けることで、コットンパールがまっすぐキレイに並ぶ。

{ 作ったアクセサリーを
プレゼントするときは }

COLUMN

手作りのアクセサリーは、人にあげても喜ばれます。その人の好みや似合いそうなものをイメージしながら作れば、世界で一つの心のこもった贈り物に。贈るときも、せっかくならラッピングにひと工夫しましょう。すてきな写真やポストカードに目打ちで穴を開けてピアスを差し込み、透明な袋に入れれば、目を引く仕上がりになります。また、写真を拡大コピーして、ラッピング用紙にしてもおしゃれです。

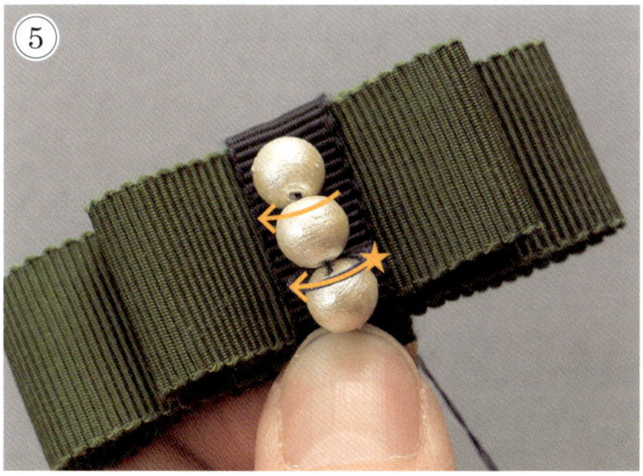

クリップ金具を取り付ける

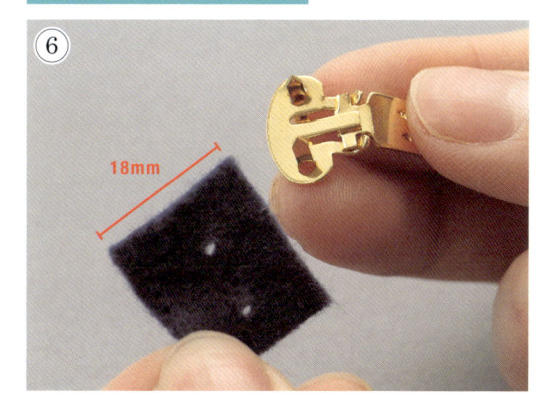

⑤

★の位置でリボンの裏から表に向けて針を刺し、④で通した縦の糸と交差するように、パールの間をそれぞれ縫い付け、最後は裏側で玉留めする。

⑥ 18mm

フェルトの中心にシューズクリップの金具を当て、ちょうど金具のツメがくる部分にペンなどで印をつける。印に目打ちで穴を開ける。

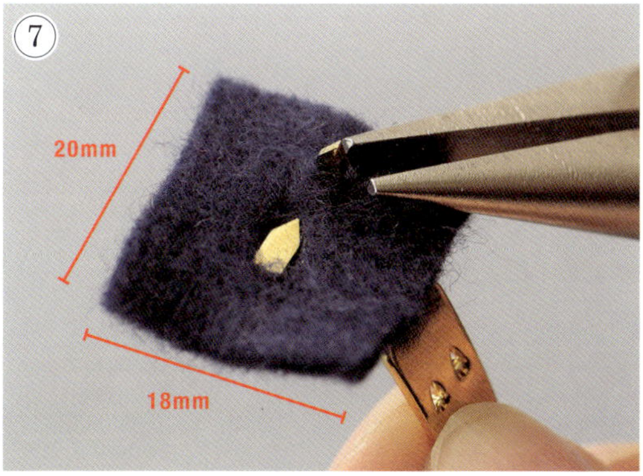

⑦ 20mm 18mm

⑥で開けた穴に金具のツメを差し込み、ツメの先を平ヤットコではさんで金具の中心側に倒し、固定する。

⑧

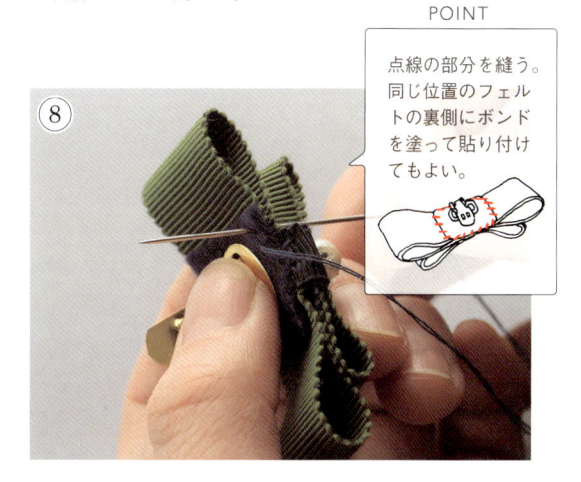

フェルトのツメを倒した方を内側にして⑤の裏にあて、フェルトと下側のリボンを固定するように、フェルトの周囲をぐるりと縫う。

POINT
点線の部分を縫う。同じ位置のフェルトの裏側にボンドを塗って貼り付けてもよい。

Design No.
14

Kaori Tsuda

コットンパールの2連縁取りイヤリング

大きめのコットンパールがインパクト大。
同系色のパールビーズを沿わせてさらにボリュームアップ。

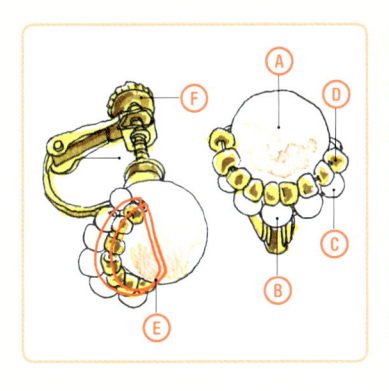

材料

- A コットンパール（10mm・ラウンド・両穴・ホワイト）…2個
- B パールビーズ（3mm・ホワイト）…6個
- C パールビーズ（2mm・ホワイト）…8個
- D 丸小ビーズ（ゴールド）…20個
- E ワイヤー（♯34・ゴールド）…20cm×2本
- F イヤリング金具（芯立・ゴールド）…1ペア

道具

- ニッパー
- 目打ち
- 接着剤

作り方

ワイヤーに素材を通してパーツを作る

① ワイヤーにコットンパールとパールビーズを写真の順に通し、ビーズの先のワイヤーを3cmほど残してパールにビーズを沿わせ、○部分を合わせる。2本のワイヤーを5mmほどねじって短い方の端をニッパーでカットする。

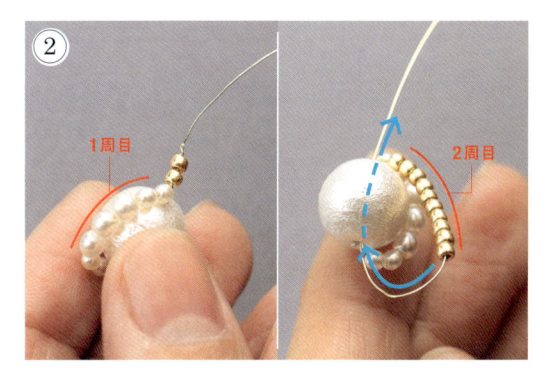

② ①でねじってまとめたワイヤーに丸小ビーズ（ゴールド）10個を通し、パールにビーズを沿わせてパールの穴にワイヤーを通す。

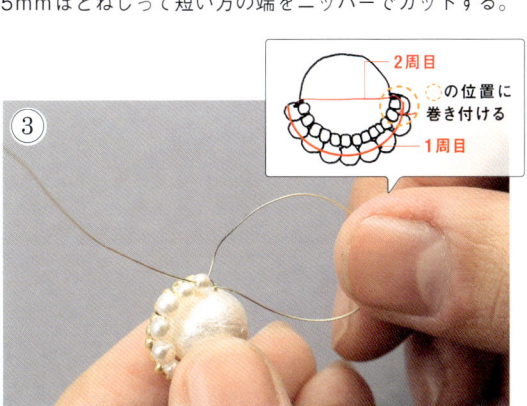

③ ワイヤーを引っぱってゆるみをなくし、パールビーズとコットンパールの間にワイヤーの先をくぐらせる。再度引っぱり、パールビーズを通しているワイヤーに2回ほど巻きつけて固定する。はみ出たワイヤーをニッパーでカットする。

パーツにイヤリング金具を接続する

④ コットンパールの中央に目打ちで3〜5mmの深さの穴を開ける。イヤリング金具に接着剤をつけてパールに差し込み、接着する。

POINT 下に布を敷いてパールを置くとより安定して穴が開けやすい。

パールの穴の開け方 → P18

Design No.
15

Chinami Iida

パールのひし形ブレスレット

海辺を思わせるようなさわやかな色合いのブレスレット。
チェーンの先についたコットンパールが、動くたびに揺れてキレイ。

カジュアルな服装に合わせれば、ボーイッシュになりすぎず、キレイにまとまります。大人の女性らしい、ほどよい色気をプラス。

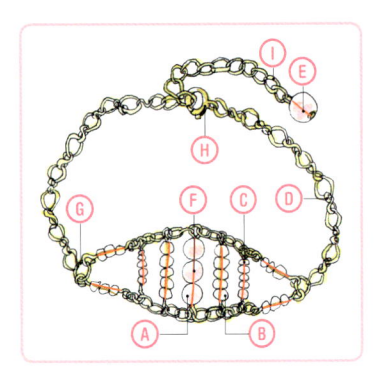

材料

- **A** コットンパール（6mm・ラウンド・両穴・ホワイト）…3個
- **B** ガラスカットビーズ（3mm・ホワイトオパール）…22個
- **C** 淡水パール（2〜3mm・ホワイト）…10個
- **D** チェーン（幅約3mm×長さ4.5cm・フィガロ・ゴールド）…2本
- **E** Tピン（0.6×40mm・ゴールド）…1本
- **F** 9ピン（0.6×40mm・ゴールド）…9本
- **G** 丸カン（0.5×3mm・ゴールド）…24個
- **H** 引き輪（6mm・ゴールド）…1個
- **I** アジャスター（60mm・ゴールド）…1個

道具

- 平ヤットコ
- 丸ヤットコ
- ニッパー

作り方

パーツを作る

1 9ピンに写真のように素材を通し、ピンの根元を直角に折り曲げ、根元から7mmの所を丸ヤットコではさみ、ヤットコの丸みに沿わせて手前に回転させ、丸める。ピンの輪が一周した所をニッパーでカットする。すべてのピンを同様に丸める。

ピンの丸め方 → P13

2 丸カンをヤットコ2本で持って前後に動かして開き、①の㋐の上の輪に通して閉じる。丸カンを開き、㋑の上の輪に通し、㋐の丸カンとつなぐ。同様に㋐〜㋺をすべて接続する。

パーツそれぞれを丸カン2個でつなぐ

丸カンの開閉 → P15

3 ①の残ったパーツ4本を㋐の上下、㋺の上下に丸カンで接続する。

パーツをチェーンに接続する

4 丸カンで③の端（9ピンの輪2つ）と、チェーンを接続する。反対側の端も同様にする。

{ 初めて材料や道具を買うときのアドバイス }

素材を買うために初めて手芸店を訪れるとき、使い方や値段の見方などわからないことがよくあります。そんなときは、お店の人に聞くのが一番です。探している商品がなかった場合は、代わりになるものを提案してくれたりと、豊富な知識でサポートしてくれます。また、お店に行く際は、書籍を持参したほうが買い忘れや間違いがなく、お店の人もサポートしやすいでしょう。

チェーンに留め金具を接続する

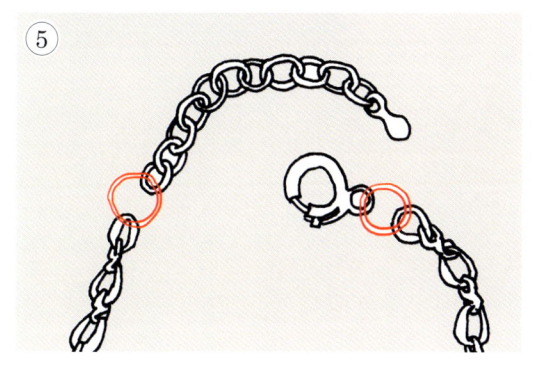

⑤ チェーンの両端それぞれに丸カンで引き輪、アジャスターを接続する。

⑥ Tピンにコットンパールを通し、ピンの根元を直角に折り曲げ、根元から7mmの所を丸ヤットコではさみ、ヤットコの丸みに沿わせて手前に回転させ、丸める。ピンの輪が一周した所をニッパーでカットする。

ピンの丸め方 ➡ P13

⑦ アジャスターの先端についているドロップを接続しているCカンを丸カンと同じ要領で広げ、ドロップを外して⑥のパーツの輪を通し、Cカンを閉じる。

Design No.
16

Chinami Iida

エスニックなネックレス＆ピアス

コットンパールの新しい表情を引き出すような、ウッドビーズを使ったエスニックなアクセサリー。真夏の太陽が似合います。

ピアスは、ショートタイプとロングタイプの2種類。耳元でゆらゆら揺れるデザインが女性らしさを高めてくれます。

Greenleaf Whittier I am thinking maybe it's actually possible to communicate with you Wouldn't that be an unexpected development I am thinking maybe it's not too late and not too early and I'm naively curious why you can't just Declare Peace You can do it if Allen Ginsberg can and you can make it stick Old Sticky Dick You could have grabbed the

18

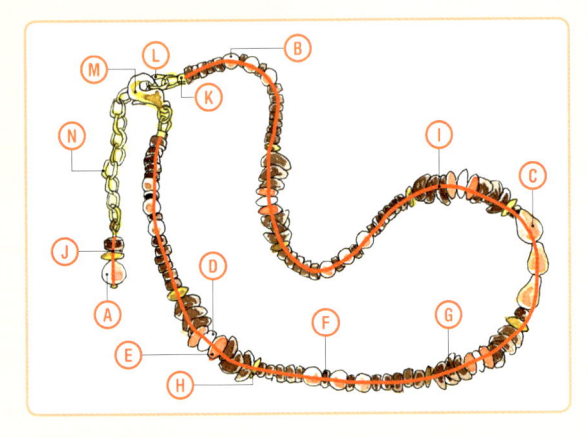

ネックレス (P64)

材料

- A コットンパール（8mm・ラウンド・両穴・キスカ）…1個
- B コットンパール（6mm・ラウンド・両穴・キスカ）…12個
- C コットンパール（8mm・ドロップ・両穴・キスカ）…3個
- D ドイツ製アクリルビーズ（10mm・ターコイズ）…4個
- E ドイツ製アクリルビーズ（10mm・アンバー）…8個
- F ウッドビーズ（5〜6mm・ブラウン）…67個

作り方

ワイヤーの一方の端を処理し、素材を通す

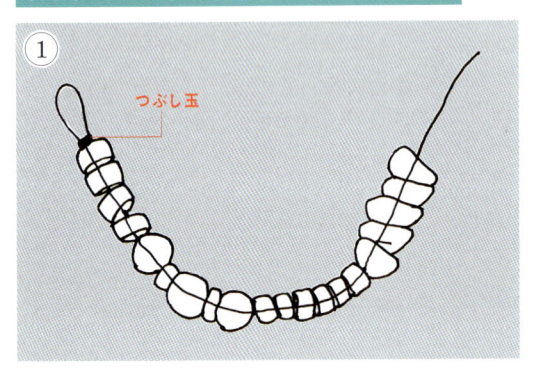

1

つぶし玉

つぶし玉にワイヤーを通し、つぶし玉の先に2〜3mmの輪を作って再びつぶし玉に通す（つぶし玉からワイヤーの先端が1〜2mmはみ出た状態）。つぶし玉を平ヤットコでつぶす。ワイヤーに下の写真の順に素材を通す。

反対側の端も処理する

2

ワイヤーの反対端にも①と同様につぶし玉を通し、①で固定した方に素材を寄せてゆるみをなくしてからつぶし玉をつぶす。つぶし玉からはみ出たワイヤーを根元から1〜2mm程度残してニッパーでカットする。

パールとビーズの配列

- ウッドビーズ×7
- ウッドビーズ
- ウッドビーズ×7
- ウッドビーズ（三日月）×3
- アクリルビーズ（ターコイズ）
- メタルビーズ
- コットンパール 6mmラウンド
- ウッドビーズ（アンバー）
- ウッドビーズ（三日月）×3
- メタルビーズ
- コットンパール（ドロップ）×3
- ウッドビーズ
- セットA
- セットB

- Ⓖ ウッドビーズ(9〜10mm・三日月型・ブラウン)…24個
- Ⓗ メタルビーズ(6×2mm・ゴールド)…9個
- Ⓘ ナイロンコードワイヤー(0.5mm)…70〜80cm
- Ⓙ Tピン(0.7×30mm・ゴールド)…1個
- Ⓚ つぶし玉(1.5mm・ゴールド)…2個
- Ⓛ 丸カン(0.5×3mm・ゴールド)…2個
- Ⓜ カニカン(1.2×0.6mm・ゴールド)…1個
- Ⓝ アジャスター(60mm・ゴールド)…1個

道具
- 平ヤットコ
- 丸ヤットコ
- ニッパー

パーツに留め金具を接続する

③
POINT
丸カンは左右に開こうとするとうまくいかないので注意。

丸カンをヤットコ2本で持って前後に動かして開き、②パーツの端の輪とカニカンの輪(カン)を通して閉じる。

④
パーツのもう一方の端に丸カンでアジャスターを接続する。

⑤
コットンパール
メタルビーズ
ウッドビーズ
ここを丸める
ピンの丸め方 ➡ P13

Tピンに写真の順に素材を通し、ピンの根元を直角に折り曲げ、根元から7mmの所を丸ヤットコではさみ、ヤットコの丸みに沿わせて手前に回転させて、丸める。ピンの輪が一周した所をニッパーでカットする。

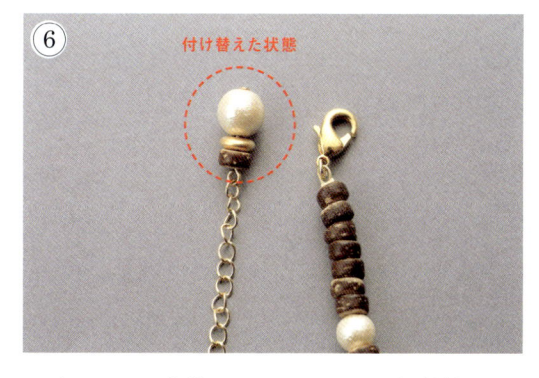

⑥
付け替えた状態

アジャスターの先端についているドロップを接続しているCカンを丸カンと同じ要領で広げ、ドロップを外して⑤のパーツの輪を通し、Cカンを閉じる。

67

ピアス（P65左）

材料

- A コットンパール（6mm・ラウンド・両穴・キスカ）…2個
- B コットンパール（8mm・ドロップ・両穴・キスカ）…2個
- C ドイツ製アクリルビーズ（10mm・アンバー）…2個
- D メタルビーズ（6×2mm・ゴールド）…2個
- E ウッドビーズ（5〜6mm）…2個
- F ウッドビーズ（9〜10mm・三日月型・ブラウン）…2個
- G Tピン（0.7×40mm・ゴールド）…2本
- H 9ピン（0.7×40mm・ゴールド）…4本
- I 丸カン（0.5×3mm・ゴールド）…2個
- J ピアス金具（U字・ゴールド）…1ペア

道具

- 平ヤットコ
- 丸ヤットコ
- ニッパー

作り方

① 9ピンにコットンパール（ラウンド）を通し、ピンの根元を直角に折り曲げ、根元から7mmの所を丸ヤットコではさみ、ヤットコの丸みに沿わせて手前に回転させ、丸める。ピンの輪が一周した所をニッパーでカットする。

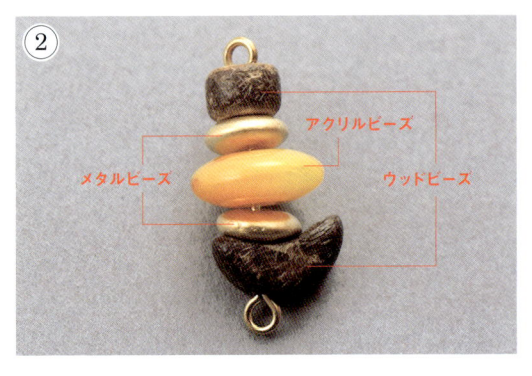

ピンの丸め方 → P13

② 9ピンにウッドビーズ、メタルビーズ、アクリルビーズを通し、①と同様にピンの先を丸める。

③ Tピンにコットンパール（ドロップ）を通し、①と同様にピンの先を丸める。

④ パーツにピアス金具を接続する

パーツの輪を開いて写真㋐を接続する。丸カンをヤットコ2本で持って前後に動かして開き、パーツの一番上のピンの輪とピアス金具を通して閉じる。

丸カンの開閉 → P15

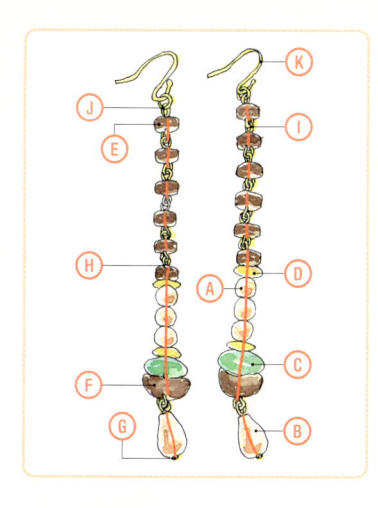

ロングピアス（P65右）

材料

- Ⓐ コットンパール（6mm・ラウンド・両穴・キスカ）…6個
- Ⓑ コットンパール（8mm・ドロップ・両穴・キスカ）…2個
- Ⓒ ドイツ製アクリルビーズ（10mm・ターコイズ）…2個
- Ⓓ メタルビーズ（6×2mm・ゴールド）…4個
- Ⓔ ウッドビーズ（5～6mm・ブラウン）…12個
- Ⓕ ウッドビーズ（9～10mm・三日月型・ブラウン）…2個
- Ⓖ Tピン（0.7×30mm・ゴールド）…2本
- Ⓗ 9ピン（0.7×65mm・ゴールド）…2本
- Ⓘ 9ピン（0.6×20mm・ゴールド）…10本
- Ⓙ 丸カン（0.6×3mm・ゴールド）…2個
- Ⓚ ピアス金具（U字・ゴールド）…1ペア

道具

- 平ヤットコ
- 丸ヤットコ
- ニッパー

作り方

パーツを作る

① メタルビーズ／ウッドビーズ／コットンパール／アクリルビーズ

Tピンにコットンパール（ドロップ）を通し、ピアスの①と同様にピンの先を丸める。9ピン（65mm）に写真の順にビーズとコットンパールを通し、ピンの先をピアスの①と同様に丸める。

② 9ピン（20mm）にウッドビーズを通し、ピアスの①と同様にピンの先を丸めたものを5個作る。

③ パーツの輪を開いて写真の順にパーツを接続する

パーツにピアス金具を接続する

④ 丸カンをヤットコ2本で持って前後に動かして開き、③で接続したパーツの一番上のピンの輪とピアス金具を通して閉じる。

Design No.

17

Chinami Iida

アクリルビーズのブレスレット& ピアス&ロングネックレス

コットンパールをたくさん並べて、ポイントに大きなビーズを。
一瞬で人を引きつける、大胆なデザインです。

大きめのアクリルビーズは一見派手に思えますが、身につけると意外としっくりなじみます。あえてカジュアルな服装に合わせても。

ブレスレット（P70左）

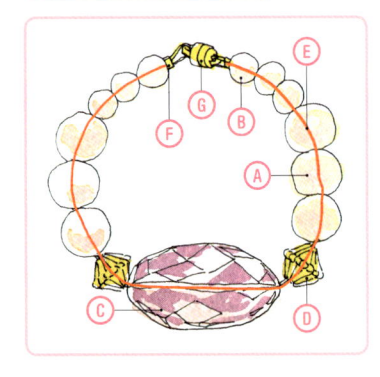

材料

- Ⓐ コットンパール（12mm・ラウンド・両穴・キスカ）…6個
- Ⓑ コットンパール（10mm・ラウンド・両穴・キスカ）…6個
- Ⓒ アクリルビーズ（50mm・パープル）…1個
- Ⓓ メタルビーズ（10×8mm・ゴールド）…2個
- Ⓔ ナイロンコードワイヤー（0.5mm）…30cm程度
- Ⓕ つぶし玉（1.5mm・ゴールド）…2個
- Ⓖ マグネットクラスプ（ゴールド）…1ペア

道具

- 平ヤットコ
- ニッパー

作り方

ワイヤーに素材を通す

① ワイヤーに右下の写真の順にコットンパール、メタルビーズ、アクリルビーズを通し、ワイヤーの片方の端につぶし玉とマグネットクラスプを順に通し、ワイヤーの先を再びつぶし玉に通す。

ワイヤーの端を処理する

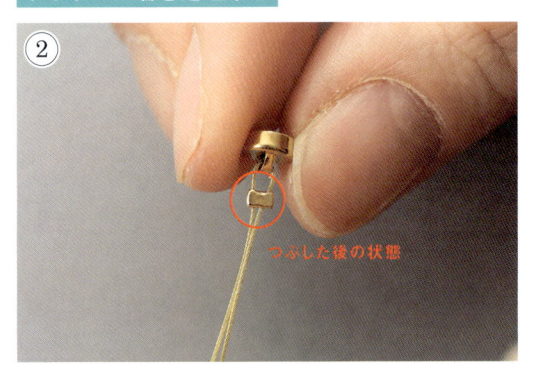

② ワイヤーの端を引っぱってマグネットクラスプとつぶし玉の間のすき間を詰め、平ヤットコではさんでつぶし玉をつぶす。コットンパール1個をつぶし玉に寄せる。

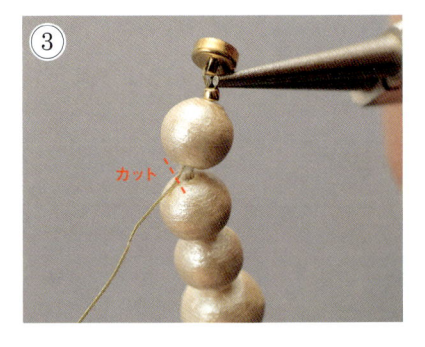

③ 短いワイヤーの余分を写真のようにカットする。つぶし玉で固定した方向に素材を寄せてゆるみをなくし、つぶし玉とマグネットクラスプを通し、同様に処理する。

パールとビーズの配列

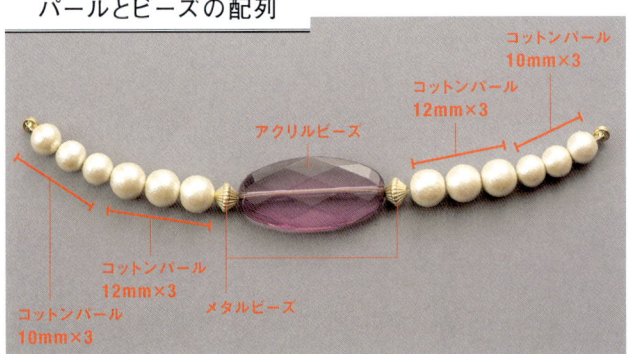

- コットンパール 10mm×3
- コットンパール 12mm×3
- メタルビーズ
- アクリルビーズ
- コットンパール 12mm×3
- コットンパール 10mm×3

ピアス（P70右）

材料

- Ⓐ コットンパール（12mm・ラウンド・両穴・キスカ）…2個
- Ⓑ アクリルビーズ（50mm・パープル）…2個
- Ⓒ メタルビーズ（10×8mm・ゴールド）…2個
- Ⓓ アーティスティックワイヤー（#20）…10cm程度
- Ⓔ 丸カン（0.7×5mm・ゴールド）…2個
- Ⓕ ピアス金具（ゴールド）…1ペア

道具

- 平ヤットコ
- 丸ヤットコ
- ニッパー

作り方

ワイヤーに素材を通してパーツを作る

① ワイヤーにコットンパール、メタルビーズ、アクリルビーズを通す。

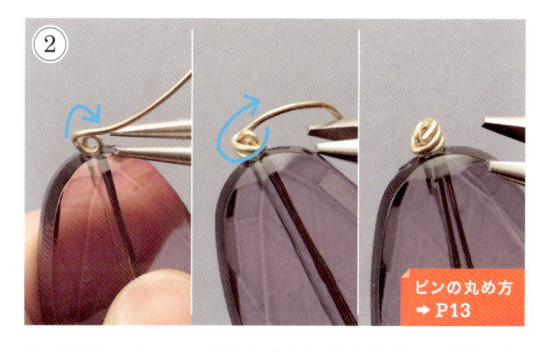

② ①の下のワイヤーの根元を直角に折り曲げる。根元から7mmの所を丸ヤットコではさみ、ヤットコの丸みに沿わせて手前に丸め、輪を作る。平ヤットコで輪を挟んでつぶす。輪にワイヤーを2周巻きつけ、はみ出た部分をニッパーでカットする。

ピンの丸め方 ➡ P13

③ 上部のワイヤーの根元も②と同様に丸ヤットコで丸め、ワイヤーの輪が一周した所をニッパーでカットする。

パーツにピアス金具を接続する

④ 丸カンをヤットコ2本で持って前後に動かして開き、③の輪とピアス金具の輪を通して閉じる。

丸カンの開閉 ➡ P15

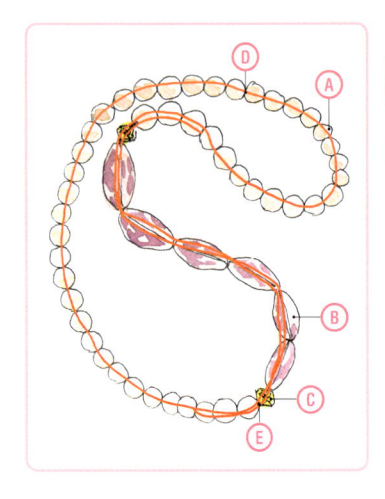

ネックレス（P71）

材料

- Ⓐ コットンパール（12mm・ラウンド・両穴・キスカ）…70個
- Ⓑ アクリルビーズ（50mm・パープル）…6個
- Ⓒ メタルビーズ（10×8mm・ゴールド）…2個
- Ⓓ ナイロンコードワイヤー（0.5mm）…160cm程度（※）
- Ⓔ つぶし玉（1.5mm・ゴールド）…2個

道具
- 平ヤットコ
- ニッパー

※制作過程で切るので、切らずに準備する

作り方

ワイヤーに素材を通す

① ワイヤーを30〜40cmほど引き出し、すべてのコットンパールを通す（ワイヤーが足りなくなったらそのつど引き出す）。

② さらにつぶし玉、メタルビーズ、アクリルビーズ、メタルビーズ、つぶし玉を順に通す。

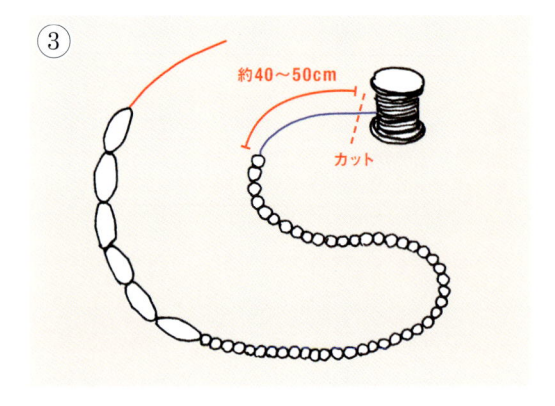

③ すべて通し終えたら、ワイヤーの末端を40〜50cmほど余裕を持たせてニッパーでカットする。

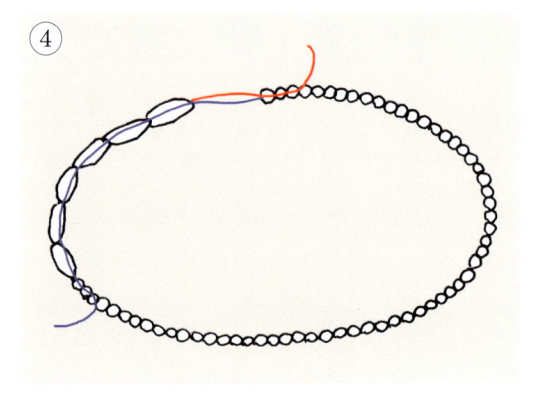

④ コットンパール側のワイヤーの端をアクリルビーズ、コットンパール3個に通す。もう一方のワイヤーの端もコットンパール3個に通す。

{ アクセサリー作りを途中でいったんやめるときは }

COLUMN

作っている最中にいったんやめたいときは、再開しやすい状態にしておくことがポイント。残りの材料は小袋や透明の容器に入れておくと、次もスムーズに着手できるでしょう。作っている作品の本体は、テグスを使っているものは両端をマスキングテープで留めておくのがおすすめ。机やトレーの裏に貼りつけておくと形が崩れにくいでしょう。Tピンや9ピンを連ねたようなものは、箱などに入れておくとよいでしょう。

ワイヤーの端を処理する

⑤

ひっぱる
ひっぱる
この部分のワイヤーが二重になる

ワイヤーの両端をひっぱってゆるみを引き締める。

⑥

ワイヤーがたるまないよう注意しながら、つぶし玉を平ヤットコではさんでつぶす。もう1つのつぶし玉も同様につぶす。

⑦

コットンパールからはみ出た余分なワイヤーをニッパーでカットする。

Design No. **18**

Kaori Tsuda

ビジューとパールの
ラグジュアリーピアス

スモーキーな大人っぽいビジューに負けないくらい
大きめのコットンパールのキャッチが目を引きます。

材料

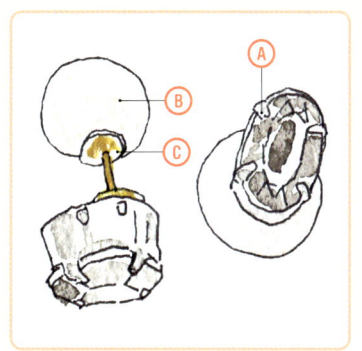

- Ⓐ ツメ付きスクエアビジュー（14×10mm・グレー）…2個
- Ⓑ コットンパールキャッチ（14mm・ホワイト）…2個
- Ⓒ ピアス金具（6mm皿付き・ゴールド）…2個

道具

・接着剤

作り方

ビジューにピアス金具を接着する

①

POINT：手を離しても落ちない程度まで押さえる（完全には固定していないので注意）。

ピアス金具に接着剤を薄くつけ、ビジューの上半分に接着する。

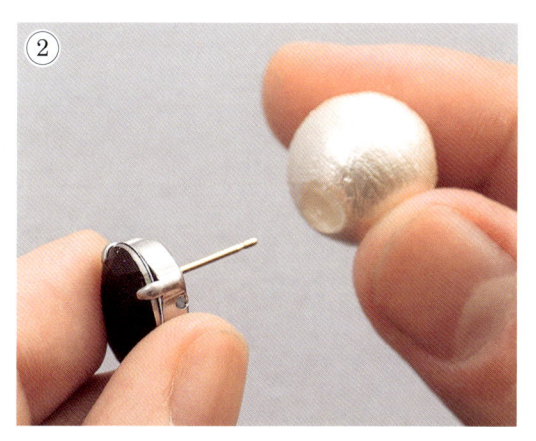

②

コットンパールキャッチを、ピアス金具につける。

{ コットンパールキャッチの作り方 }

コットンパールキャッチは市販されているので、それを使うのが一般的。色や大きさもいろいろあります。手持ちのコットンパール（片穴）で作りたいという人は、目打ちで穴を広げて接着剤をつけたゴムキャッチを埋め込みます。

COLUMN

{ 接着剤はタイプによって硬化時間がいろいろ }

貼り付ける場所がハッキリしているときや結び目を固めるときは、速めに硬化するタイプ、位置を調整したいときはゆっくり硬化するタイプを。いずれも完全に接着するまでには24時間程度かかります。

Design No.

19

Kaori Tsuda

サマーブレスレット

4粒のコットンパールの真ん中には、ヒトデのチャーム。
キラキラのチェーンがまぶしい、夏仕様のブレスレット。

材料

- A コットンパール(8mm・ラウンド・両穴・ホワイト)…2個
- B コットンパール(6mm・ラウンド・両穴・キスカ)…2個
- C ボタンカットビーズ(10mm・クリスタル)…1個
- D つめ付きラインストーン(7mm・ブルー)…1個
- E ヒトデのチャーム(カン付き)…1個
- F チェーン(幅約5mm×長さ15cm・フィガロ・ゴールド)…1本
- G チェーン(幅約2mm×長さ7.5cm・アズキ・ゴールド)…2本
- H 9ピン(0.8×60mm・ゴールド)…1個
- I Tピン(0.6×30mm・ゴールド)…1個
- J 三角カン(0.6×5mm・ゴールド)…1個
- K 丸カン(0.6×3mm・ゴールド)…7個
- L カニカン(7×5mm・ゴールド)…1個
- M アジャスター(50mm・ゴールド)…1個

道具

- 平ヤットコ
- 丸ヤットコ
- ニッパー

作り方

パーツを作る

① 8mmのコットンパール / 6mmのコットンパール / 6mmのコットンパール

ピンの丸め方 → P13
丸カンの開閉 → P15

丸カンをヤットコ2本で開き、チャームの輪を通して閉じる。9ピンにパールとチャームの丸カンを通し、根元を直角に折り曲げる。根元から7mmの所を丸ヤットコではさみ、ヤットコの丸みに沿わせて手前に回転させ、丸める。輪が一周した所をニッパーでカットする。

②

POINT: 三角カンはヤットコで持って台座の穴に入れ、手で押さえて閉じるとスムーズ。

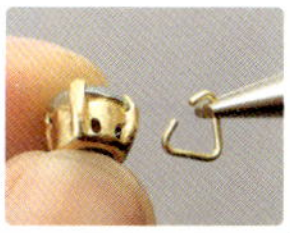

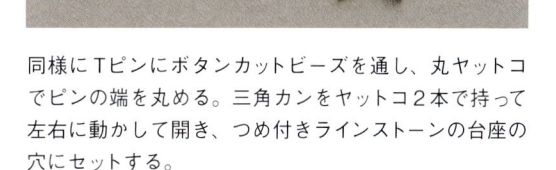

同様にTピンにボタンカットビーズを通し、丸ヤットコでピンの端を丸める。三角カンをヤットコ2本で持って左右に動かして開き、つめ付きラインストーンの台座の穴にセットする。

パーツにチェーンを接続する

③

①のパーツの左右の輪を開いて、それぞれにチェーン(細い方)を接続する。写真の位置を参考に、②のパーツを丸カンでチェーン(太い方)に接続する。

チェーンに留め金具を接続する

④

チェーン2本とアジャスター(またはカニカン)を1つの丸カンでまとめる

丸カンを開き、③の2種のチェーンの端、アジャスターの端の輪を通して閉じる。反対側の端も同様に、丸カンでチェーン2本とカニカンを接続する。

Design No.

20

Chiho Shimatani

編みこみピアス

かぎ針でピアス金具に飾り糸を編み込んだピアス。
ラフに編むだけなので、意外とカンタンです。

材料

- A コットンパール（14mm・ラウンド・片穴・ホワイト）…2個
- B 飾り糸（※アヴリル ポップコーン27ベリー）…50cm×2本
- C Tピン（0.6×20mm・ゴールド）…2本
- D 丸カン（0.6×4mm・ゴールド）…2個
- E ピアス金具（しずく型・ゴールド）…1ペア

道具

- 平ヤットコ
- 丸ヤットコ
- はさみ
- かぎ針（7号）

※アヴリルは、京都にある手芸糸の専門店。リボンやボンボンがついていたり、くるくるループしていたりと、ユニークなデザインの飾り糸が300種類以上あります。
※作り方は写真右で紹介。左を作る場合はAをキスカ、Bを飾り糸（アヴリル ポップコーン07ベリー）に置き換える。

作り方

ピアス金具に飾り糸を編み込む

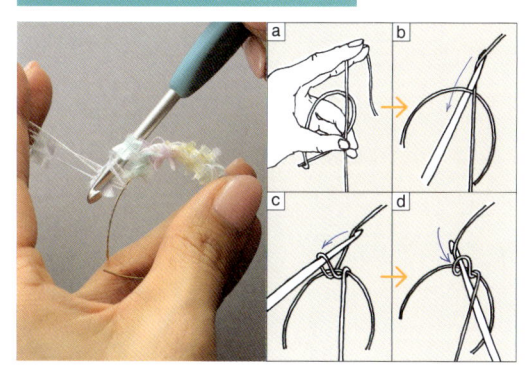

aのように金具と糸を持ち、糸の端2～3cmを手前に出して親指と中指で固定する。かぎ針を金具の下からくぐらせて向こう側の糸を引き出し(b)、次に金具の上から糸を引き出し(c)、輪をくぐらせる(d)。a～dを繰り返して編む（2回目からは、dでくぐらせる輪が2つになる）。

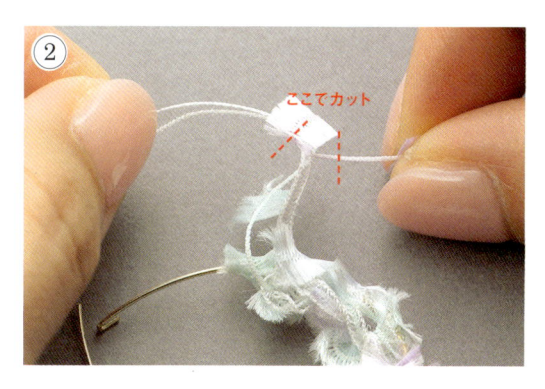

② ピアス金具の半分を覆うくらい編んだら、両端を固結びにし、結んだ先をはさみでカットする（切りっぱなしでOK）。

パーツを作る

③ Tピンにコットンパールを1個通し、ピンの根元を直角に折り曲げ、根元から7mmの所を丸ヤットコではさみ、ヤットコの丸みに沿わせて手前に回転させ、丸める。輪が一周した所をニッパーでカットする。

ピンの丸め方 → P13

パーツにピアス金具を接続する

④ 丸カンをヤットコ2本で持って前後に動かして開き、③のパーツの輪とピアス金具の中央くらいの位置に通し、丸カンを閉じる。

丸カンの開閉 → P15

Design No.
21

Chiho Shimatani

シルクリボンのブレスレット

手首に巻き付けるタイプのボリューミーなブレスレット。
市販の好きなリボンを使って作ってみましょう。

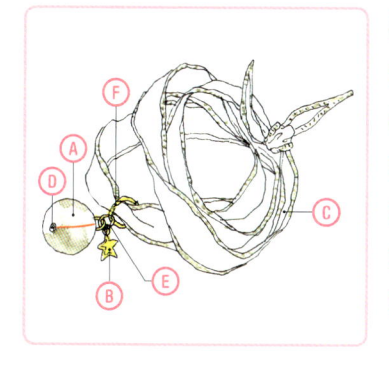

材料

- Ⓐ コットンパール（12mm・ラウンド・片穴・ホワイト）…1個
- Ⓑ 星のチャーム（ゴールド）…1個
- Ⓒ シルクリボン（幅2cm×長さ90cm、ブルー）…1本
- Ⓓ Tピン（0.6×20mm・ゴールド）…1本
- Ⓔ 丸カン（0.6×4mm・ゴールド）…1個
- Ⓕ デザイン丸カン（2×11mm・ツイスト・ゴールド）…1個

道具

- 平ヤットコ
- 丸ヤットコ
- ニッパー

作り方

パーツを作る

① ピンの丸め方 → P13

Tピンにコットンパールを1個通し、ピンの根元を直角に折り曲げ、根元から7mmの所を丸ヤットコではさみ、ヤットコの丸みに沿わせて手前に回転させ、丸める。輪が一周した所をニッパーでカットする。

② 丸カンの開閉 → P15

丸カンをヤットコ2本で持って前後に動かして開き、①のピンの輪とチャームの輪を通して閉じる。

③

デザイン丸カンを工程②と同様に開閉して②のパーツを接続する。

パーツをリボンに通す

④

③のデザイン丸カンをシルクリボンに通す。

※身につけるときは、パーツが手首の外側に来るようにしてリボンを手首にぐるぐると巻き、端を好みの位置で結ぶ。

Design No.

22

Chinami Iida

レースのピアス&ブローチ

ゆらゆら揺れるコットンパールの先には、お気に入りのレース。
パールとレースは色のトーンを合わせるとキレイ。

上品な印象のブローチは、あえてカットソーなどカジュアルな服に合わせてもおしゃれ。レースのデザインによって、イメージを変えられます。

ピアス（P84）

材料

- A コットンパール（6mm・ラウンド・両穴・キスカ）…2個
- B コットンパール（6mm・ラウンド・両穴・グレー）…2個
- C コットンパール（6mm・ラウンド・両穴・ベージュ）…2個
- D メタルビーズ（3mm・ゴールド）…2個
- E レース（※）…2枚
- F 9ピン（0.5×40mm・ゴールド）…8本
- G 丸カン（0.5×3mm・ゴールド）…4個
- H ピアス金具（フレンチフック・ゴールド）…1ペア

※モチーフレースの一部を切り取り、長さ25mm幅20mm程度の三角形にして使用しています。

道具

- 平ヤットコ
- 丸ヤットコ
- ニッパー
- はさみ

作り方

パーツを作る

① パール（キスカ）／パール（グレー）／パール（ベージュ）／メタルビーズ

ピンの丸め方 → P13

9ピンに写真のように素材を1個ずつ通し、ピンの根元を直角に折り曲げ、根元から7mmの所を丸ヤットコではさみ、ヤットコの丸みに沿わせて手前に回転させ、丸める。輪が一周した所をニッパーでカットする。

② 丸カンの開閉 → P15

丸カンをヤットコ2本で持って前後に動かして開き、レースの上部を通して閉じる。

パーツにピアス金具を接続する

③ ピンの輪を開閉して接続する／②でつけた丸カンを開いて接続する

①のパーツの輪を平ヤットコで開き、写真の順に接続する。②の丸カンを開閉し、つなげたパーツの一番下に接続する。

④ ③の上部に丸カンでピアス金具を接続する。

ブローチ (P85)

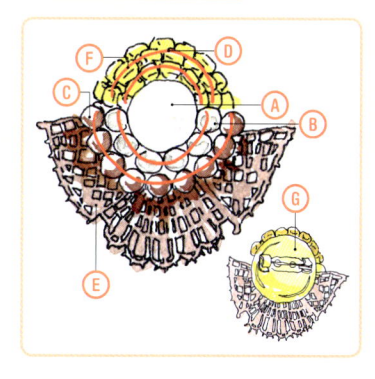

材料

- **A** コットンパール（14mm・ラウンド・両穴・キスカ）…1個
- **B** コットンパール（6mm・ラウンド・両穴・グレー）…6個
- **C** コットンパール（6mm・ラウンド・両穴・ベージュ）…9個
- **D** メタルビーズ（3mm・ゴールド）…32個
- **E** レース（※）…1枚
- **F** テグス（3号）…40cm程度
- **G** シャワー金具（30mm・ブローチ台座付き・ゴールド）…1個

道具
- 平ヤットコ
- はさみ

※ピアスで使用したモチーフレースを直径5cm程度の半円形サイズで使用しています。

作り方

シャワー金具を素材をつける

① 6粒1度に通してOK／素材を通したらそのつど固く結ぶ

キスカにテグスを通し、金具の中央に配置して金具の裏で固結びにする。テグス1本を金具の表に出し、グレー6個を通してキスカに沿わせ、裏で固結びにする。同様にベージュ9個もグレーに沿わせて固定する。

② 11個／9個／7個／5個

メタルビーズを中央のパールから外側に向かって順に5個、7個、9個、11個と4列通し、①と同様に固定し、結び目の先のテグスをカットする。

シャワー金具を台座につける

③ 後ろはこんな状態

レースをコットンパールの下に差し込んで写真の位置に置き、★にテグスを通して①と同様に固定する。

④

レースが下になるように持ち、安全ピンが上にくるようにブローチ台座を重ねる。台座のツメを平ヤットコではさんで、内側に倒して留める。

POINT ツメは金具の内側に倒す。

Design No.
23
Kaori Tsuda

パールを束ねたヘアゴム

コットンパールをたくさん束ねたヘアゴム。
ラフな一つ結びも、ほんのり女性らしくしてくれます。

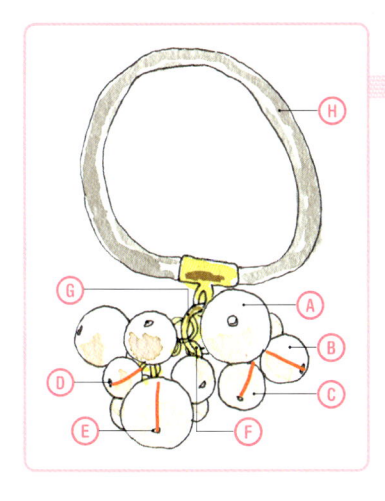

材料

- Ⓐ コットンパール（12mm・ラウンド・片穴・ホワイト）…2個
- Ⓑ コットンパール（8mm・ラウンド・片穴・ホワイト）…6個
- Ⓒ コットンパール（6mm・ラウンド・片穴・ホワイト）…5個
- Ⓓ Tピン（0.5×14mm・ゴールド）…11本
- Ⓔ Tピン（0.5×21mm・ゴールド）…2本
- Ⓕ 丸カン（0.6×4mm・ゴールド）…6個
- Ⓖ 丸カン（1.2×7mm・ゴールド）…1個
- Ⓗ カン付きヘアゴム…1個

道具

- 平ヤットコ
- 丸ヤットコ
- ニッパー

作り方

パーツを作る

① 12mmのパールは21mmのTピンに通す　8mmと6mmのパールは14mmのTピンに通す

ピンの丸め方 → P13

すべてのTピンにコットンパールを1個ずつ通し、ピンの根元を直角に折り曲げ、根元から7mmの所を丸ヤットコではさみ、ヤットコの丸みに沿わせて手前に回転させ、丸める。輪が一周した所をニッパーでカットする。

② 丸カンの開閉 → P15

①のパーツを写真のように㋐～㋒に分ける。4mmの丸カンをヤットコ2本で持って前後に動かして開き、㋐のパーツすべてのピンの輪を通して閉じる。㋑、㋒も同様に4mmの丸カンでまとめる。

パーツをヘアゴムに接続する

③ ㋐～㋒をまとめている4mmの丸カンに、さらに4mmの丸カンを1つずつ接続する。

④ 7mmの丸カンを広げ、③で接続した3つの丸カン、ヘアゴムの輪（カン）を通して閉じる。

Design No. 24

Kaori Tsuda

夜空と月明かりのイヤリング

夜空を思わせる漆黒と、月明かりのような優しい白。
作り方は同じでも、色を変えるとまったく違うイメージに。

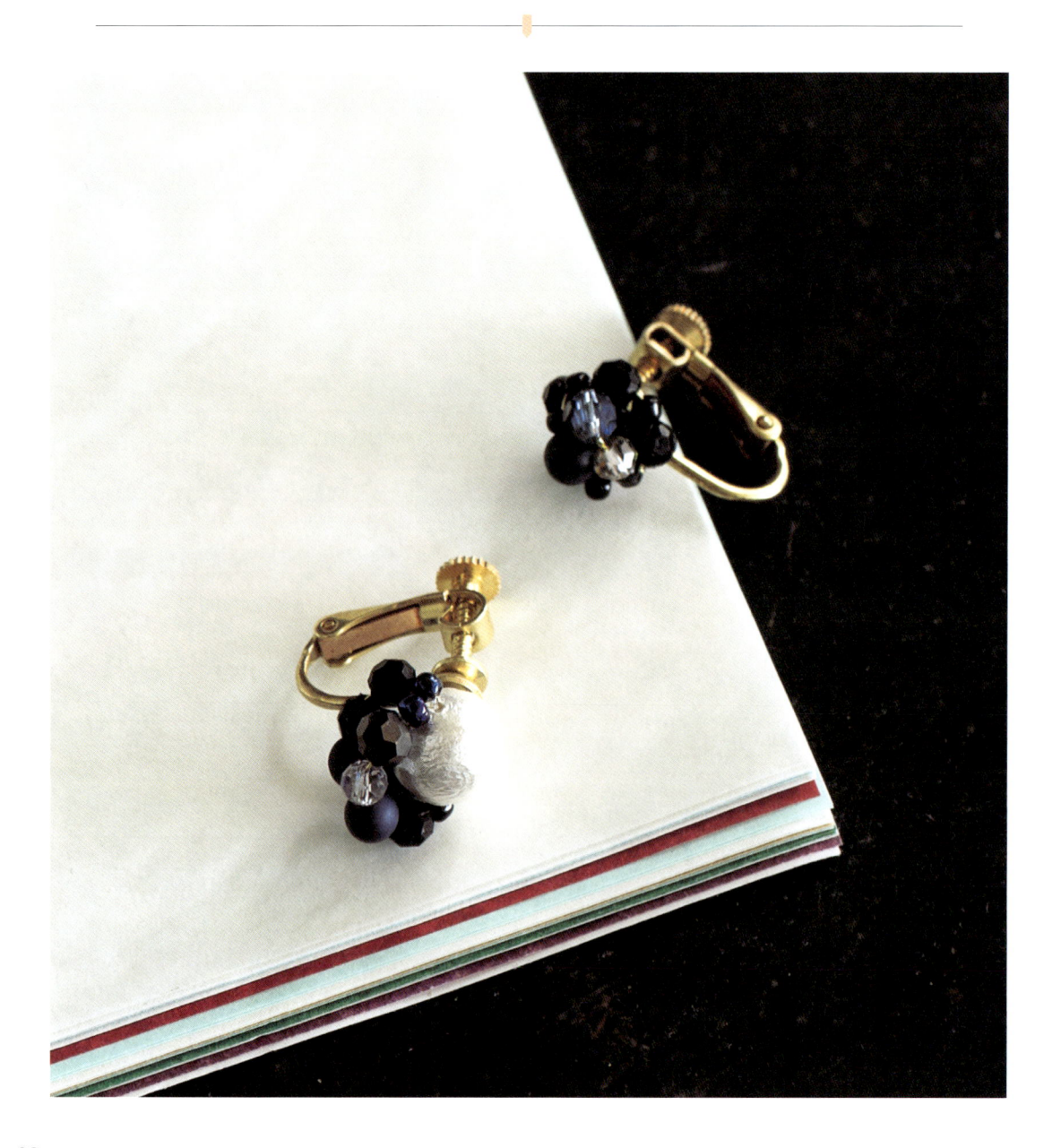

片耳はコットンパール付きで、もう片方はビーズのみと、アシンメトリーなデザインが印象的。かたすぎない雰囲気で身につけやすい。

コットンパール付きのイヤリング（P90左・片耳）

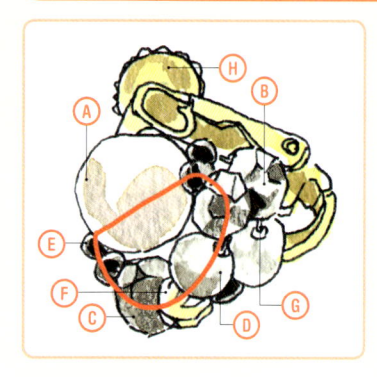

材料

- A コットンパール（8mm・ラウンド・両穴・ホワイト）…1個
- B 多面カットビーズ（3mm・ブラック）…4個
- C 多面カットビーズ（4mm・ガラス黒）…1個
- D ケシパール（3mm・ネイビー）…2個
- E 丸小ビーズ（ブラック、ネイビー）…各2個
- F ボタンカットビーズ（4mm・グレー）…1個
- G ワイヤー（#34・ゴールド）…20cm程度
- H イヤリング金具…1ペアの片方

道具

- ニッパー
- 目打ち
- 接着剤

作り方

※作り方はブラック&ネイビー（P90）で紹介。ホワイト&ゴールド（P91）を作りたい場合は、以下のように置き換える。B 多面カットビーズ（3mm・ホワイト）…4個、C 多面カットビーズ（4mm・オフホワイト）…1個、D ケシパール（3mm・ライトゴールド）…2個、E 丸小ビーズ（シャンパン）…4個、F ボタンカットビーズ（4mm・シャンパン）…1個

ワイヤーに素材を通してパーツを作る

①
ワイヤーにコットンパールとビーズを写真の順に通し、ビーズの先のワイヤーを3cmほど残してパールにビーズを沿わせ、〇部分を合わせる。2本のワイヤーを5mmほどねじって短い方の端をニッパーでカットする。

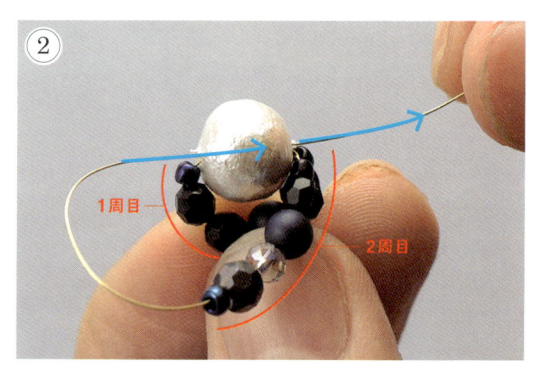

②
①でねじってまとめたワイヤーに丸小ビーズ（ブラック）、多面カット（3mm）、ケシパール、ボタンカット、多面カット（4mm）、丸小（ネイビー）を通して2周目を作り、コットンパールにワイヤーを通す。

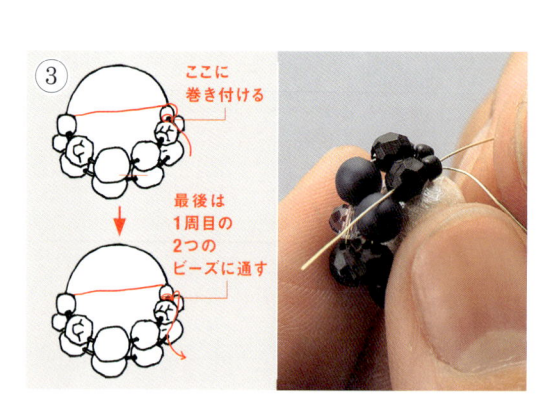

③
ワイヤーの先をひっぱって引き締め、2周目のワイヤーの点線部分に2〜3回巻き付けて固定し、最後は1周目の端のビーズ2個に通し、ビーズからはみ出たワイヤーをニッパーでカットする。

パーツにイヤリング金具を接着する

④
コットンパールの中央に目打ちで3〜5mmの深さの穴を開ける。イヤリング金具の芯立部分に接着剤をつけて差し込み、接着する。パールの両穴（ワイヤーを通した部分）に接着剤をつけて補強する。

パールの穴の開け方 → P18

ビーズのみのイヤリング（P90右・片耳）

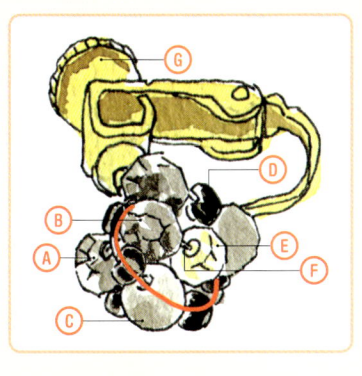

材料

- Ⓐ 多面カットビーズ（3mm・ブラック）…6個
- Ⓑ 多面カットビーズ（4mm・ガラス黒）…1個
- Ⓒ ケシパール（4mm・ネイビー）…1個
- Ⓓ 丸小ビーズ（ブラック）…8個
- Ⓔ ボタンカットビーズ（4mm・グレー）…1個
- Ⓕ ワイヤー（♯34・ゴールド）…20cm程度
- Ⓖ イヤリング金具…1ペアの片方

道具

- ニッパー
- 目打ち
- 接着剤

作り方

※作り方はブラック&ネイビー（P90）で紹介。ホワイト&ゴールド（P91）を作りたい場合は、以下のように置き換える。Ⓐ 多面カットビーズ（3mm・ホワイト）…5個、Ⓑ 多面カットビーズ（4mm・グラスシャンパン）…1個、Ⓒ ケシパール（4mm・ライトゴールド）…1個、Ⓓ 丸小ビーズ（シャンパン、クリア）…各4個

ワイヤーに素材を通してパーツを作る

① ワイヤーにビーズを写真の順に通し、片方のビーズの先のワイヤーを3cmほど残して◯部分を合わせる。2本のワイヤーを5mmほどねじって短い方の端をニッパーでカットする。

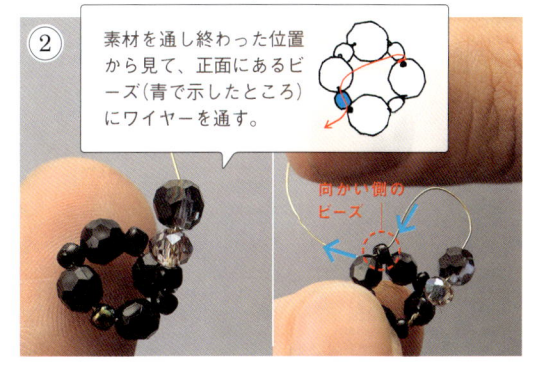

POINT
② 素材を通し終わった位置から見て、正面にあるビーズ（青で示したところ）にワイヤーを通す。

①でねじってまとめたワイヤーに丸小2個、ボタンカット（グレー）、多面カット（ガラス黒）を通して2周目を作り、向かい側にある丸小にワイヤーを通し、ひっぱって引き締める。

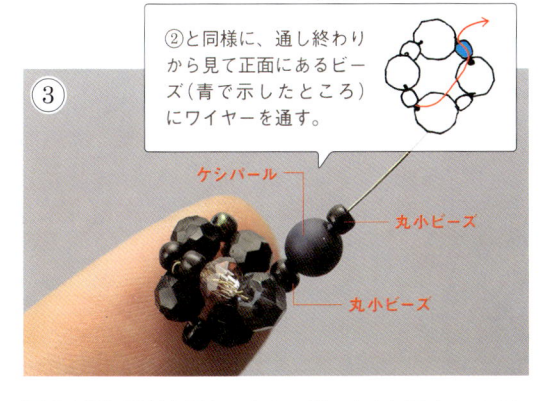

POINT
③ ②と同様に、通し終わりから見て正面にあるビーズ（青で示したところ）にワイヤーを通す。

写真の順に素材を通し、向かい側の丸小に通す。ワイヤーを引っ張り、通した丸小の横に2回巻く。パーツを裏返して多面カット（ブラック）、丸小、多面カット（ブラック）を通し、向かい側のビーズとビーズの間にくぐらせ、2回巻きつけて先をニッパーでカットする。

パーツにイヤリング金具を接着する

④ ワイヤーをカットした側に接着剤を塗り、イヤリング金具を接着する。

POINT
パーツの接着面がでこぼこしていてくっつきにくいので、パーツ側に少し多めに接着剤をつける。

Design No.
25
Kaori Tsuda

パールとイニシャルパーツの
シンプルブレスレット

オフィスにもOKなシンプルなブレスレット。さりげなく揺れる名前の頭文字が、"私だけ"の特別感をプラスしてくれます。

材料

- Ⓐ コットンパール (8mm・ラウンド・両穴・ホワイト)・・・1個
- Ⓑ ジルコニア (4mm・ゴールド)・・・1個
- Ⓒ アルファベットのチャーム (カン付き・ゴールド)・・・1個
- Ⓓ チェーン (幅約1mm×長さ4cm・アズキ・ゴールド)・・・1本
- Ⓔ チェーン (幅約1mm×長さ2.5cm・アズキ・ゴールド)・・・1本
- Ⓕ チェーン (幅約1mm×長さ1.5cm・アズキ・ゴールド)・・・1本
- Ⓖ 9ピン (0.6×21mm・ゴールド)・・・2個
- Ⓗ 丸カン (0.6×3mm・ゴールド)・・・3個
- Ⓘ カニカン (7×5mm・ゴールド)・・・1個
- Ⓙ アジャスター (50mm・ゴールド)・・・1個

道具

- 平ヤットコ
- 丸ヤットコ
- ニッパー

作り方

パーツを作る

① 9ピンにパールを通し、ピンの根元を直角に折り曲げ、根元から7mmの所を丸ヤットコではさんで丸める。輪が一周した所をニッパーでカットする。ジルコニアも同様に9ピンに通して丸める。

→ ピンの丸め方 P13

パーツにチェーンを接続する

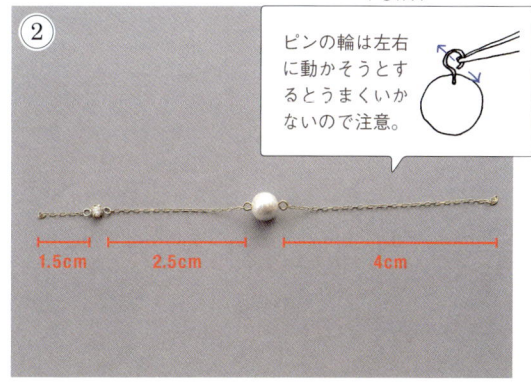

② ①のピンの輪を平ヤットコではさみ、前後に動かして開閉し、チェーン3本を写真のように接続する。

POINT：ピンの輪は左右に動かそうとするとうまくいかないので注意。

1.5cm / 2.5cm / 4cm

③ 丸カンをヤットコ2本で持って前後に動かして開き、ジルコニアの向かって右側のピンの輪、イニシャルパーツの輪を通して閉じる。

→ 丸カンの開閉 P15

チェーンに留め金具を接続する

④ 1本につながったチェーンの両端に、アジャスターとカニカンを丸カンで接続する。

Design No.
26

Kaori Tsuda

レジンのピアス&ヘアゴム

紫外線で固まるレジンを使い、コットンパールを立体的に盛って。
お好きなビーズやチャームを使ってもOKです。

丸や四角の枠にレジンを流し込み、立体的にパーツをレイアウト。バランスを見ながらパーツを重ね、ボリュームを加えていきます。枠さえあれば、ほかの形でも同様に作ることが可能。

ピアス(P96)

材料

- A コットンパール(6mm・ラウンド・ホワイト)…1個
- B つめ付きラインストーン(3mm・クリスタル)…1個
- C パールビーズ(4mm・ホワイト)…1個
- D パールビーズ(3mm・ホワイト)…2個
- E ケシパール(4mm・グレー)…2個
- F ケシパール(3mm・ゴールド)…2個
- G ファイアポリッシュ(3mm・ベージュ)…2個
- H 丸小ビーズ(ゴールド)…8個
- I 四角枠(12×12mm、7×7mm)…各1個
- K ピアス金具(6mm皿・ゴールド)…1ペア
- L UVレジン液…適量

道具

- UVライト(なくてもOK)
- クリアファイル
- 接着剤
- つまようじ
- ピンセット

作り方

＊UVレジンについて　紫外線を当てると硬化する、透明な樹脂液。金属やプラスチックなどを接着でき、パーツを閉じ込めてアクセサリーを作ることができる。UVライトを当てると短時間で硬化できるが、日光に当てても硬化できる。手芸材料店などで購入可。

パールとビーズを配置する

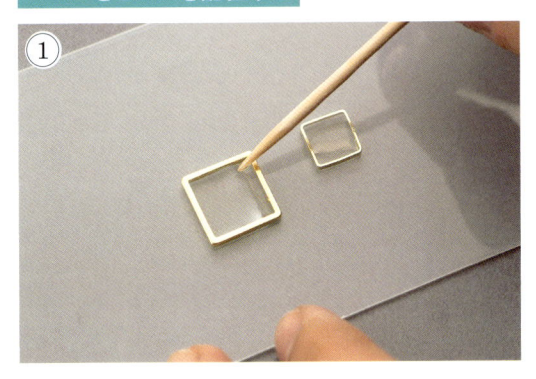

① クリアファイルに四角い枠のパーツを置き、UVレジン液を流し入れ、つまようじで全体に広げる。

② コットンパール、つめ付きラインストーン、ケシパール、パールビーズ、ファイアポリッシュ、丸小ビーズを大きいものから順にピンセットで配置し、途中でレジンを足して立体的に重ねる。

この写真の配置を参考に

レジンを硬化し、仕上げる

③ UVライトで照射するか、日光に24時間ほど当ててレジンを硬化させる。

※UVライトの照射時間は5分程度が目安ですが、UVライトのワット数やレジンの厚みなどによって時間は変わりますので、様子をみて加減してください。

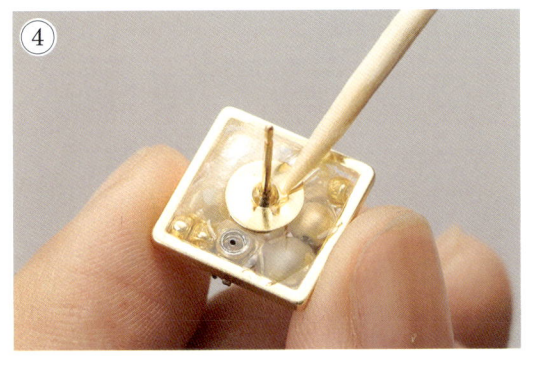

④ ピアス金具に接着剤を薄く塗り、パーツの裏面に接着する。

ヘアゴム（P97）

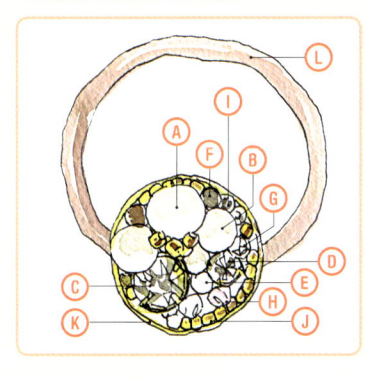

材料

- A コットンパール（8mm・ラウンド・ホワイト）…2個
- B コットンパール（6mm・ラウンド・ホワイト）…2個
- C つめ付きラインストーン（7mm・グレー）…1個
- D つめ付きラインストーン（5mm・クリスタル）…1個
- E ケシパール（4mm・グレー）…2個
- F ケシパール（4mm・ネイビー）…1個
- G ボタンカットビーズ（3mm・グレー）…2個
- H ボタンカットビーズ（3mm・ピンク）…2個
- I そろばんビーズ（3mm・グレー）…2個
- J 丸小ビーズ（ゴールド）…16個
- K 丸枠（25mm・ゴールド）…1個
- L 皿付きヘアゴム…1個
- M UVレジン液…適量

道具

- UVライト（なくてもOK）
- クリアファイル
- 接着剤
- つまようじ
- ピンセット

作り方

パールとビーズを配置する

1 クリアファイルに丸枠のパーツを置き、UVレジン液を流し入れ、つまようじで全体に広げる。

2 コットンパール、つめ付きラインストーン、ケシパール、ボタンカットビーズ、そろばんビーズ、丸小ビーズをピンセットで大きいものから順に配置する。

※この写真の配置を参考に

3 立体的に盛る場合は、途中でレジンを追加し、デコレーションを重ねていく。

POINT さらにパーツを盛る場合は、②③を繰り返す。

レジンを硬化し、仕上げる

4 UVライトで照射するか、日光に24時間ほど当ててレジンを硬化させる。皿付きヘアゴムに接着剤を薄く塗り、パーツの裏面に接着する。

※UVライトの照射時間は5分程度が目安ですが、UVライトのワット数やレジンの厚みなどによって時間は変わりますので、様子をみて加減してください。

Design No.

27

Chinami Iida

ラインストーンチェーンの
ピアス&ブレスレット

デザイン違いのチェーンの束とコットンパールの組み合わせ。
どことなくオリエンタルな雰囲気が魅力です。

ブレスレットは手首の太さに合わせて、チェーンの長さやパールの数を調整してOKです。

ピアス（P100）

材料

- Ⓐ コットンパール（10mm・ラウンド・両穴・キスカ）…2個
- Ⓑ 円柱キャップ（内径5.4mm・ゴールド）…4個
- Ⓒ スワロフスキー連爪チェーン（50mm・ゴールド）…2本
- Ⓓ チェーン①（幅約1mm×長さ5.5cm・アズキ・ゴールド）…4本
- Ⓔ チェーン②（幅約2mm×長さ5.5cm・アズキダブル・ゴールド）…4本
- Ⓕ チェーン③（幅約2mm×長さ5.5cm・デザインチェーン・ゴールド）…4本
- Ⓖ チェーンエンド（1連・ゴールド）…4個
- Ⓗ 9ピン（0.7×40mm・ゴールド）…4本
- Ⓘ Tピン（0.7×30mm・ゴールド）…2本
- Ⓙ 丸カン（0.5×3.0mm・ゴールド）…2個
- Ⓚ ピアス金具（ゴールド）…1ペア

道具
- 平ヤットコ
- 丸ヤットコ
- ニッパー

作り方

※Ⓓ、Ⓔ、Ⓕのチェーン3種はそれぞれデザインの違うものを使用しています。好みでシルバーとゴールド、ストレートなものとねじれているものなどを織り交ぜると、動きのある仕上がりになります。

パーツを作る

① 連爪チェーンの両端にチェーンエンドをセットし、平ヤットコでチェーンエンドのツメをはさんで内側に倒す。

POINT チェーンの端1コマにチェーンエンドをかぶせるようにセットする。

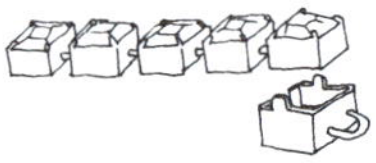

② 丸カンをヤットコ2本で持って前後に動かして開き、9ピンの輪、チェーンⒹ2本、Ⓔ2本、Ⓕ2本の端の輪、①のチェーンエンドを通して閉じる。逆側も同様に処理する。

丸カンの開閉 → P15

③ 9ピンに円柱キャップを通し、ピンの根元を直角に折り曲げ、根元から7mmの所を丸ヤットコではさみ、ヤットコの丸みに沿わせて手前に回転させ、丸める。輪が一周した所をニッパーでカットする。反対側も同様に。

POINT チェーンと円柱キャップの間にすき間ができないよう、ピンをひっぱってから丸める。

ピンの丸め方 → P13

パーツにピアス金具を接続する

④ Tピンにコットンパールを通して③と同様に丸め、輪を平ヤットコではさんで前後に動かして開き、③のパーツの一方の輪を通して閉じる。反対側に丸カンでピアス金具を接続する。

丸カンで接続する
ピンの輪を開閉して接続する

ブレスレット（P101）

材料

- Ⓐ コットンパール（10mm・ラウンド・両穴・キスカ）…10個
- Ⓑ 円柱キャップ（内径5.4mm・ゴールド）…2個
- Ⓒ スワロフスキー連爪チェーン（50mm・ゴールド）…2本
- Ⓓ チェーンエンド（2連・ゴールド）…2個
- Ⓔ チェーン①（幅約2mm×長さ5.5cm・アズキ・ゴールド）…2本
- Ⓕ チェーン②（幅約2mm×長さ5.5cm・アズキダブル・ゴールド）…2本
- Ⓖ チェーン③（幅約2mm×長さ5.5cm・デザインチェーン・ゴールド）…2本
- Ⓗ ナイロンコードワイヤー（0.5mm・10cm程度）…2本
- Ⓘ 9ピン（0.7×40mm・ゴールド）…2本
- Ⓙ U字金具（ゴールド）…4個
- Ⓚ つぶし玉（1.5mm・ゴールド）…4個
- Ⓛ 丸カン（0.5×3mm・ゴールド）…2個
- Ⓜ マグネットクラスプ（ゴールド）…1組

道具

- 平ヤットコ
- 丸ヤットコ
- ニッパー

※Ⓔ、Ⓕ、Ⓖのチェーン3種はそれぞれデザインの違うものを使用しています。好みでシルバーとゴールド、ストレートなものとねじているものなどを織り交ぜると、動きのある仕上がりになります。

作り方

パーツを作る

① 連爪チェーン2本の両端にチェーンエンド（2連）を接続する。ピアスの②〜③と同様にパーツを作る。

② ワイヤーにパールを5個通し、一方の端につぶし玉とU字金具を順に通し、ワイヤーの先を再びつぶし玉に通す。パール側のワイヤーをひっぱってU字金具とつぶし玉の間のすき間を詰める。

U字金具は溝にワイヤーを通して使う

③ つぶし玉を平ヤットコではさんでつぶし、U字金具からはみ出た短い方のワイヤーをニッパーカットする。固定した方向にパールを寄せてゆるみをなくし、反対側も同様に処理する。同様にもう1本作る。

パーツをつなげ、留め金具を接続する

④ ①のピンの輪を平ヤットコではさみ、前後に動かして開閉し、③を1本ずつ両端に接続する。丸カンをヤットコ2本で前後に動かして開閉し、すべてのパーツをつなげた両端にマグネットクラスプを接続する。

ピンの輪を開閉して接続する

丸カンで接続する

丸カンの開閉 → P15

Design No.
28

Chinami Iida

バイカラーの
コットンパールコサージュ

ビビッドなオレンジ×ブルーの花のコサージュ。
銅線入りのユニークな素材感も新しい。

胸元に咲いた花は、銅線入りのフリーメタリコという素材を使用。手で自由に形づくれるのが特徴。

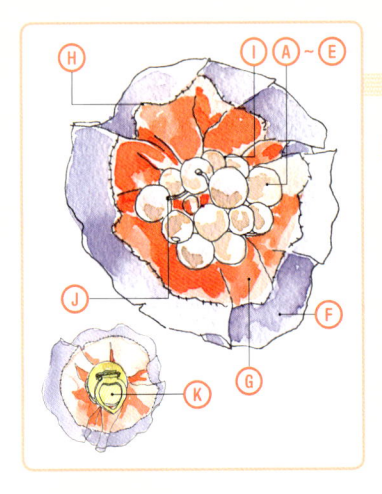

材料

- **A** コットンパール（14mm・ラウンド・両穴・キスカ）…2個
- **B** コットンパール（12mm・ラウンド・両穴・キスカ）…2個
- **C** コットンパール（10mm・ラウンド・両穴・キスカ）…8個
- **D** コットンパール（8mm・ラウンド・両穴・キスカ）…2個
- **E** コットンパール（6mm・ラウンド・両穴・キスカ）…2個
- **F** フリーメタリコ（幅20mm×長さ40〜45cm・ブルー）…1本

作り方

花びらを作る

1 テグス（1号）を針に通し、2種類のフリーメタリコのフチをかがるように縫い合わせる。

（フリーメタリコの帯が1本できる）

2 ①の帯の両端を①と同様に縫い合わせて輪にする。

POINT 接着剤は付属のヘラなどでつけるとよい。

3 ②の縫い終わりを玉留めし、留めた部分に接着剤をつけて補強する。

POINT フリーメタリコは銅線が入った素材。手で折るだけでなんとなく形が作れる。

4 ブルーを外側にして広げ、中央にヒダを寄せて花のように丸く形作る。

- Ⓖ フリーメタリコ(幅50mm×長さ40〜45cm・オレンジ)…1本
- Ⓗ テグス(1号)…30cm程度
- Ⓘ テグス(3号)…40cm程度
- Ⓙ つぶし玉(1.5mm・ゴールド)…2個
- Ⓚ シャワー付きスカーフクリップ金具(30mm・ゴールド)…1個

道具
- 平ヤットコ
- 針
- 接着剤
- はさみ

シャワー金具に花びらをつける

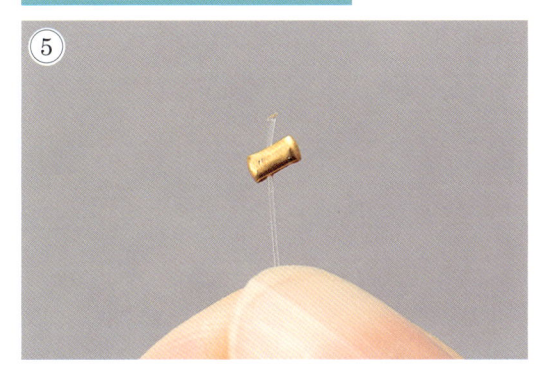

⑤ テグス(3号)を針に通し、端につぶし玉を通し、端から2〜3mmの位置で平ヤットコではさんでつぶす。

⑥ シャワー金具のくぼみを外側にして④の中心にあて、くぼみ側から針を通し、点線部分を縫う。最後はくぼみ側に針を通してテグスを5mmほど残してカットし⑤と同様につぶし玉で留める。

POINT 整然とキレイに並べると、きっちり感のある仕上がりに。

パールを縫いつける

⑦ テグス(3号)を通した針を金具のくぼみ側から通し、パールに通し(テグスの端はくぼみ側に残す)、好みのバランスでフリーメタリコに1個ずつ縫いつける。最後はくぼみ側に針を通し、残しておいたワイヤーと固結びにし、結び目の先をカットする。

裏はこんな感じ

シャワー金具を台座につける

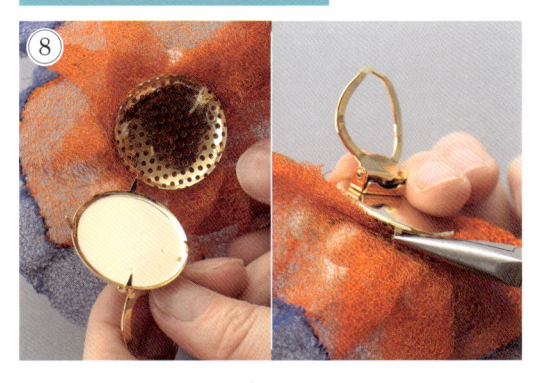

⑧ シャワー金具にクリップ金具の土台をセットし、平ヤットコでツメをはさんで内側に倒す。

Design No.

29

Kaori Tsuda

華やぎカーディガン

無地のカーディガンにコットンパールを刺しゅうしてリメイク。
パールが少なめならシンプルに、大きめ&多めならゴージャスに。

材料

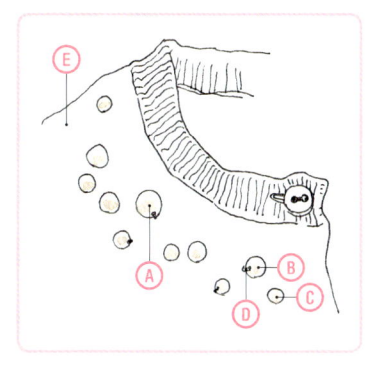

- Ⓐ コットンパール（10mm・ラウンド・両穴・ホワイト）…2個
- Ⓑ コットンパール（8mm・ラウンド・両穴・ホワイト）…10個
- Ⓒ コットンパール（6mm・ラウンド・両穴・ホワイト）…10個
- Ⓓ 糸（カーディガンに合う色）…適量
- Ⓔ カーディガン…1枚

道具

- ・針
- ・チャコペン
- ・はさみ

作り方

チャコペンでしるしをつける

①
POINT すべてのパールをバランスよく全体に配置させるように。

パールを縫い付けたいところに、チャコペンでしるしをつける。

パールを縫いつける

②
POINT パールのサイズがバラけるようにすると、バランスがよくなる。

針に糸を通して2本取りし、端を玉結びにする。針をカーディガンの裏から①のしるしをめがけて表に刺し、パールの穴に糸を通す。

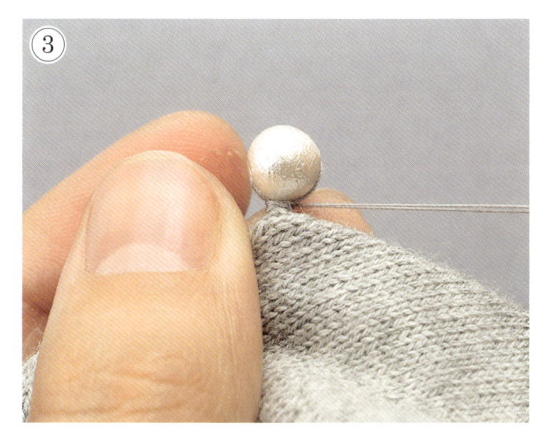

③ ②の根元に3回ほど糸を巻き付け、針を裏側に刺す。

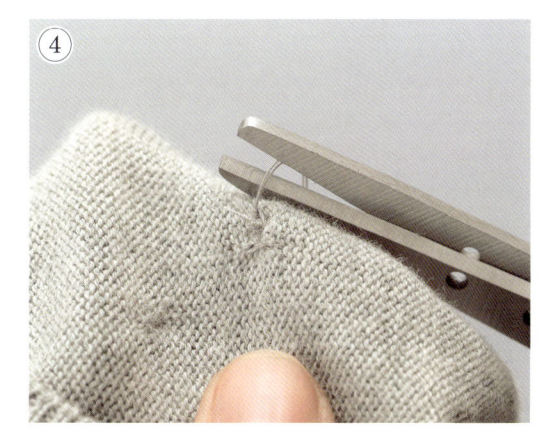

④ 裏でしっかり玉留めをする。これを、コットンパールの数だけ繰り返す。

Design No.
30

Chiho Shimatani

ファーのピアス

ピアスキャッチにファーをつけた、高級感ただようピアス。
耳元からファーをちらりとのぞかせて。

材料

- A コットンパール（6mm・ラウンド・片穴・キスカ）…2個
- B カン付きファー…2個
- C 連爪チェーン（55mm・クリスタル）…1本（18粒分）
- D 花八弁スカシパーツ（10mm・ゴールド）…2個
- E 丸カン（0.6×4mm・ゴールド）…2個
- F ピアス金具（6mm皿・ゴールド）…1ペア

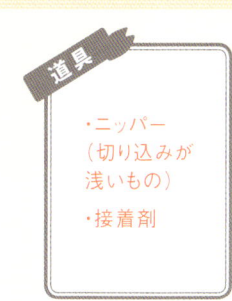

道具

- ニッパー（切り込みが浅いもの）
- 接着剤

作り方

パーツを作る

① スカシパーツの中央に接着剤を塗り、コットンパールの穴を下にして接着する。

② 連爪チェーンはニッパーでカットして2粒×4と1粒（片耳分）を2セット準備する。スカシパーツのフチに接着剤を塗り、パールの周りに連爪チェーンを接着する。

パーツにピアス金具を接着する

③ ピアス金具に接着剤を塗り、②の裏に接着する。

④ 丸カンをヤットコ2本で持って前後に動かして開き、カン付きファーの輪とピアスキャッチの輪を通して閉じる。

丸カンの開閉 ➡ P15

Design No.
31
Chiho Shimatani

すずなりパールのカブトピン

大きさの違うコットンパールを、たくさんつけたピン。
ストールや羽織りものをラフに留めて。

Design No.

33

Chinami Iida

4色パールのピアス＆ブレスレット＆ネックレス

白、ベージュ、緑、グレーと、色違いのコットンパールがポイント。
上品な雰囲気が漂うアクセサリーです。

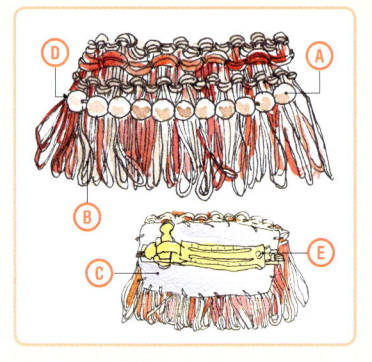

材料

- Ⓐ コットンパール（6mm・ラウンド・両穴・キスカ）…11個
- Ⓑ フリンジ（12cm・ピンク）…1枚
- Ⓒ フェルト（30×65mm・ネイビー）…2枚
- Ⓓ 糸（ピンク、ネイビー）…各適量
- Ⓔ バレッタ金具（60mm・ゴールド）…1個

道具

・針

作り方

①
POINT: 点線の部分を縫う。

フリンジの上部（フサフサしていない部分）の裏面にフェルトをピンクの糸で縫い付ける。

②
POINT: パールを通した糸に垂直に交差するように縫っていく。

①を縫い終えたらそのまま針を表に通し、すべてのコットンパールを通して、裏に針を刺す。★の位置で再び表に針を出し、コットンパールを通した糸を固定するように縫う。

③
POINT: 針はフリンジには通さず、下のフェルトと縫い合わせる。

点線部分をぐるりと縫う

もう1枚のフェルトを①で縫い付けたフェルトに重ね、ネイビーの糸でフェルトの周囲をぐるりと縫い付ける。縫い終わりを玉留めする。

④
バレッタ金具の端にある穴に糸を通して③に縫い付け、縫い終わりを玉留めする。もう1つの穴も同様に縫い付ける。

Design No.

32

Chinami Iida

フリンジのバレッタ

装飾用のフリンジに、コットンパールを縫い付けた個性が光るバレッタ。
フリンジの色や大きさは、好みで選んでOKです。

材料

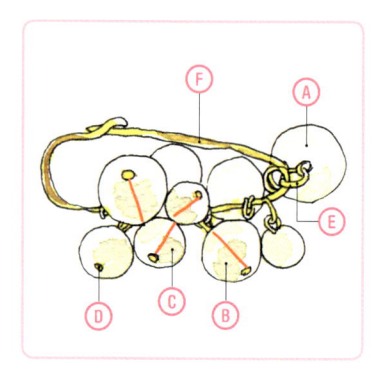

- A コットンパール（12mm・ラウンド・両穴・ホワイト）…3個
- B コットンパール（10mm・ラウンド・両穴・ホワイト）…4個
- C コットンパール（8mm・ラウンド・両穴・ホワイト）…3個
- D Tピン（0.6×20mm・ゴールド）…10本
- E 丸カン（0.6×4mm・ゴールド）…10個
- F カブトピン（43mm・ゴールド）…1個

道具

- 平ヤットコ
- 丸ヤットコ
- ニッパー

作り方

パーツを作る

①

ピンの丸め方 → P13

Tピンにコットンパール1個を通し、ピンの根元を直角に折り曲げ、根元から7mmの所を丸ヤットコではさみ、ヤットコの丸みに沿わせて手前に回転させ、丸める。輪が一周した所をニッパーでカットする。これを計10個作る。

パーツをカブトピンに接続する

②

丸カンの開閉 → P15

丸カンをヤットコ2本で持って前後に動かして開き、①のパーツとカブトピンを通して閉じる。

③

最後のパーツ1つは、カブトピンの輪の部分に丸カンで接続する。

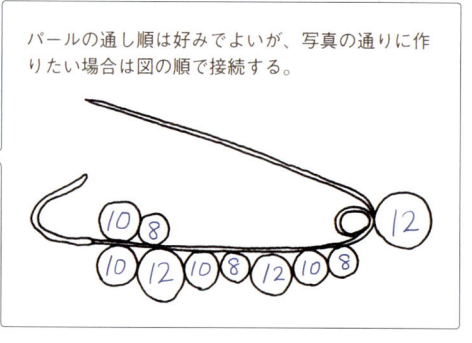

POINT

パールの通し順は好みでよいが、写真の通りに作りたい場合は図の順で接続する。

ネックレスは首につけるときに、手でねじってとめるとニュアンスがつく。ねじらずに、ストレートでも。

117

ピアス（P116右）

材料

- Ⓐ コットンパール（6mm・ラウンド・両穴・ホワイト）…2個
- Ⓑ コットンパール（6mm・ラウンド・両穴・ベージュ）…2個
- Ⓒ コットンパール（6mm・ラウンド・両穴・ダークグリーン）…2個
- Ⓓ チェーン（幅約2mm×長さ4cm・デザインチェーン・ゴールド）…2本
- Ⓔ デザインピン（0.5×30mm・ラインストーン付き）…2本
- Ⓕ 9ピン（0.6×20mm・ゴールド）…4本
- Ⓖ 丸カン（0.5×3mm・ゴールド）…2個
- Ⓗ ピアス金具（フレンチフック・ゴールド）…1ペア

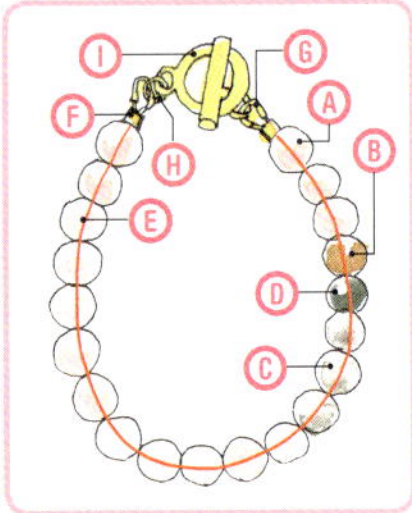

ブレスレット（P116左）

材料

- Ⓐ コットンパール（6mm・ラウンド・両穴・ホワイト）…15個
- Ⓑ コットンパール（6mm・ラウンド・両穴・ベージュ）…1個
- Ⓒ コットンパール（6mm・ラウンド・両穴・グレー）…3個
- Ⓓ コットンパール（6mm・ラウンド・両穴・ダークグリーン）…1個
- Ⓔ ナイロンコードワイヤー（0.5mm）…30cm程度
- Ⓕ つぶし玉（1.5mm・ゴールド）…2個
- Ⓖ U字金具（ゴールド）…2個
- Ⓗ 丸カン（0.5×3mm・ゴールド）…2個
- Ⓘ マンテル（輪10mmバー15mm・ゴールド）…1組

作り方

パーツを作る

①
9ピン
デザインピン
ピンの丸め方 ➡ P13

9ピンとデザインピンに写真の組み合わせで素材を通し、ピンの端を丸ヤットコで丸める。ピンの輪を平ヤットコではさんで前後に動かして開閉し、写真の順に接続する。

パーツにピアス金具を接続する

②
POINT
丸カンは左右に動かそうとするとうまくいかないので注意。

丸カンをヤットコ2本で持って前後に動かして開き、①のパーツの上部の輪とピアス金具の輪（カン）を通して閉じる。

作り方

ワイヤーに素材を通してパーツを作る

①
ホワイト12個、グレー3個、グリーン、ベージュ、ホワイト3個の順に通す。

ワイヤーにパールを通し、端につぶし玉とU字金具を通し、再びつぶし玉、パール1個に通す。長い方のワイヤーを引っぱりU字金具とつぶし玉のすき間を詰め、平ヤットコでつぶし玉をつぶす。パールから出たワイヤーをニッパーでカットする。

パーツにピアス金具を接続する

②
丸カン
丸カンの開閉 ➡ P15

①の反対側も同様に処理する。丸カンをヤットコ2本で持って前後に動かして開き、ホワイトが続く側の端の輪、マンテル（輪の方）を通して閉じる。同様に、逆側にも丸カンでマンテル（バーの方）を接続する。

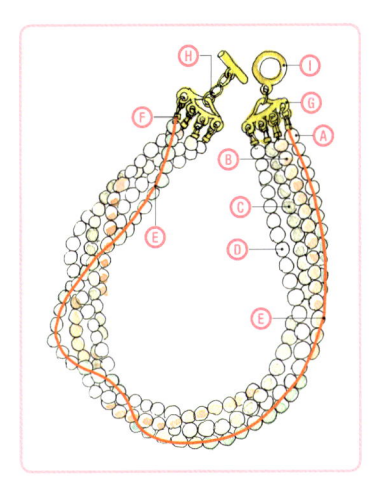

ネックレス（P117）

材料

- Ⓐ コットンパール（6mm・ラウンド・両穴・ホワイト）…57個
- Ⓑ コットンパール（6mm・ラウンド・両穴・ベージュ）…57個
- Ⓒ コットンパール（6mm・ラウンド・両穴・グレー）…57個
- Ⓓ コットンパール（6mm・ラウンド・両穴・ダークグリーン）…57個
- Ⓔ ナイロンコードワイヤー（0.5mm）…60cm程度×4本
- Ⓕ つぶし玉（1.5mm・ゴールド）…8個
- Ⓖ 4連バー（16×6mm・ゴールド）…2個
- Ⓗ 丸カン（0.5×4mm・ゴールド）…10個
- Ⓘ マンテル（輪10mmバー15mm・ゴールド）…1組

道具

- 平ヤットコ
- 丸ヤットコ
- ニッパー

作り方

ワイヤーにパールを通し、バーに接続する

① ワイヤーにパールのグレーすべてとつぶし玉を通し、つぶし玉の先に2～3mmの輪を作って再びつぶし玉、パール1個に通す。長い方のワイヤーを引っ張って引き締め、平ヤットコでつぶし玉をつぶす。反対の端も同様に処理し、はみ出たワイヤーはカットする。

② ①と同様にホワイト、ベージュ、ダークグリーンも処理する。丸カンをヤットコ2本で持って前後に動かして開き、パールのパーツの端の輪、4連バーの穴1つを通して閉じる。同様にパーツ4本の両端を4連バーに接続する。

丸カンの開閉 → P15

バーに留め金具を接続する

③ 4連バーに丸カンでマンテルを接続する。

完成したときはストレートの状態。全体をねじって身につける。

Design No. **34**　Chinami Iida

モノトーンの
ネックレス&ブレスレット

清楚なイメージの白いコットンパールも
黒いチェーンと合わせることで、甘過ぎない絶妙なバランスに。

ブレスレットとネックレスは、セットで身につけても◎。黒いチェーンは、ツヤ消し加工がほどこされたマットなタイプを使用しています。

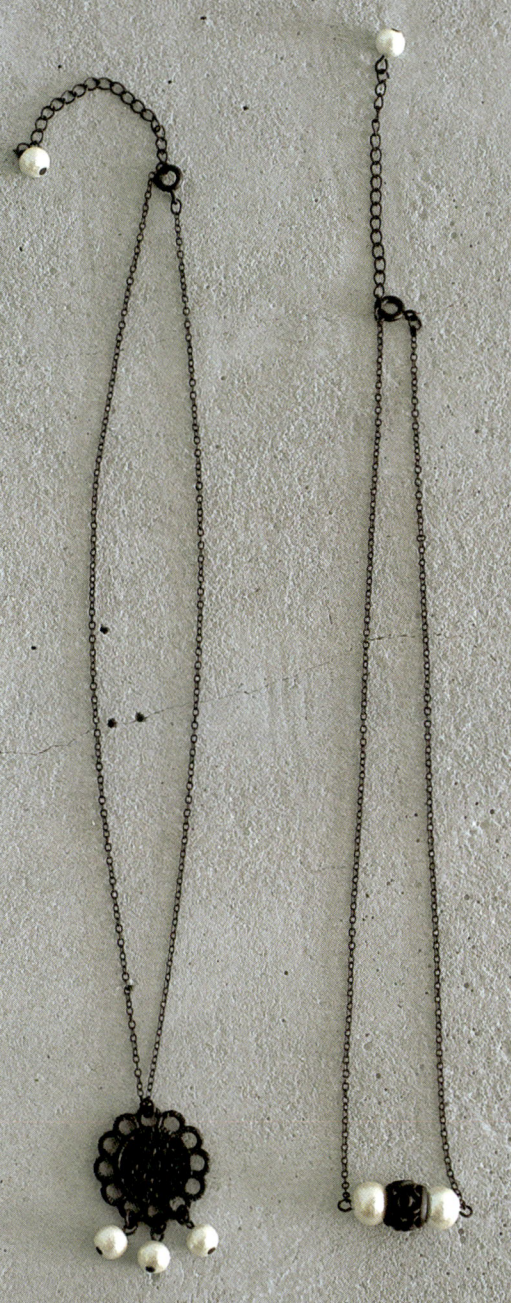

ロングネックレス（P120）

材料

- Ⓐ コットンパール（8mm・ラウンド・両穴・キスカ）…25個
- Ⓑ メタルパーツ（マットブラック）…2個
- Ⓒ チェーン（幅約4mm×長さ20cm・アズキ・マットブラック）…2本
- Ⓓ チェーン（幅約4mm×長さ28cm・アズキ・マットブラック）…2本
- Ⓔ 9ピン（0.6×40mm・マットブラック）…22本
- Ⓕ Tピン（0.6×40mm・マットブラック）…1本
- Ⓖ 丸カン（0.5×4mm・マットブラック）…7個
- Ⓗ 引き輪（12×6mm・マットブラック）…1個
- Ⓘ アジャスター（60mm・マットブラック）…1個

道具

- ・平ヤットコ
- ・丸ヤットコ
- ・ニッパー

作り方

パーツを作って接続する

① パーツ㋐×2個作る／パーツ㋑×20個作る

ピンの丸め方 ➡ P13

9ピンに写真のように素材を通し、ピンの根元を直角に折り曲げ、根元から7mmの所を丸ヤットコではさみ、ヤットコの丸みに沿わせて手前に回転させ、丸める。輪が一周した所をニッパーでカットし、計22個のパーツを作る。

② パーツ㋑×5 ／ パーツ㋐ ／ パーツ㋑×5

このセットを2つ作る

POINT ピンの輪は左右に動かそうとするとうまくいかないので注意。

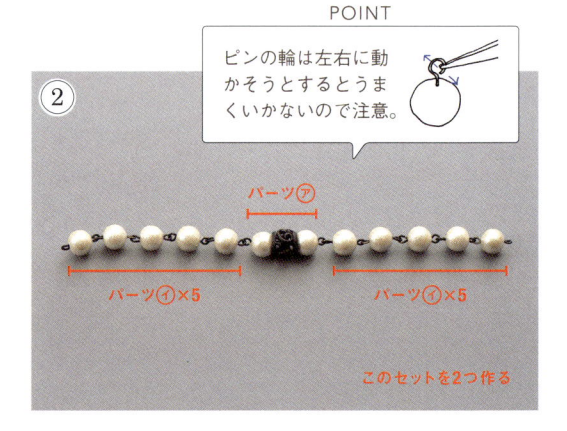

①のパーツのピンの輪を平ヤットコではさみ、前後に動かして開閉し、写真の順につなげる。同様にもう1セット作る。

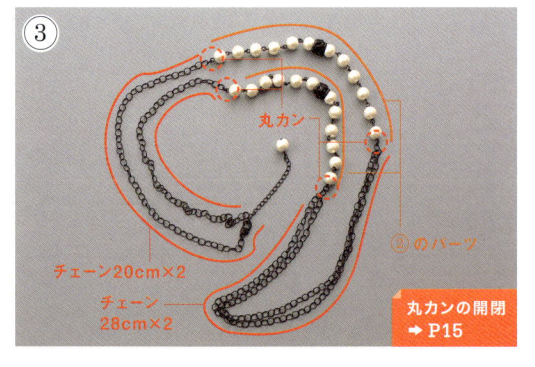

チェーンに留め金具を接続する

③ チェーン20cm×2／チェーン28cm×2／②のパーツ／丸カン

丸カンの開閉 ➡ P15

丸カンをヤットコ2本で持って前後に動かして開き、チェーンの端と②のパーツの端を通して閉じる。同様に開閉して、写真の配置で接続する。

④ 丸カン

POINT アジャスターの先のドロップは、接続しているチェーンをニッパーで切って取り外す。

③の両端に引き輪とアジャスターを丸カンで接続する。Tピンにコットンパールを通し、ピンの端を丸めたものを1個作る。アジャスターの先端のドロップをチェーンをニッパーで切って外し、パールのパーツを丸カンでつける。

ブレスレット（P121左）

材料

- Ⓐ コットンパール（8mm・ラウンド・両穴・キスカ）…15個
- Ⓑ メタルパーツ（マットブラック）…1個
- Ⓒ 9ピン（0.6×40mm・マットブラック）…13本
- Ⓓ Tピン（0.6×40mm・マットブラック）…1本
- Ⓔ 丸カン（0.5×4mm・マットブラック）…2個
- Ⓕ 引き輪（12×6mm・マットブラック）…1個
- Ⓖ アジャスター（60mm・マットブラック）…1個

道具

- 平ヤットコ
- 丸ヤットコ
- ニッパー

作り方

パーツを作って接続する

① パーツ㋐×1個作る／パーツ㋑×12個作る

ロングネックレスの①と同様にパーツを作る。

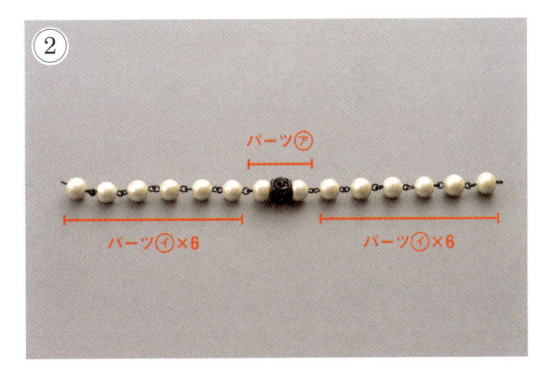

② パーツ㋐／パーツ㋑×6／パーツ㋑×6

ロングネックレスの②と同様にパーツを接続する。

パーツに留め金具を接続する

③ 丸カンをヤットコ2本で持って前後に動かして開き、②のパーツの端の輪と引き輪の輪（カン）を通し、丸カンを閉じる。逆側にも丸カンでアジャスターを接続する。

④ Tピンにコットンパールを通してピンの端を丸め、ロングネックレスの④と同様にアジャスターの先端のドロップと付け替える。

パール&メタルパーツのチャーム付きネックレス (P121右)

材料

- Ⓐ コットンパール（8mm・ラウンド・両穴・キスカ）…2個
- Ⓑ コットンパール（6mm・ラウンド・両穴・キスカ）…1個
- Ⓒ メタルパーツ（マットブラック）…1個
- Ⓓ ネックレスチェーン（幅約1mm×長さ40cm・アジャスター付き・マットブラック）…1本
- Ⓔ Tピン（0.6×40mm・マットブラック）…1本
- Ⓕ 9ピン（0.5×40mm・マットブラック）…1本
- Ⓖ 丸カン（0.5×4mm・マットブラック）…2個

道具

- 平ヤットコ
- 丸ヤットコ
- ニッパー

作り方

パーツを作って接続する

① パール8mm / メタルパーツ
ピンの丸め方 → P13

9ピンに写真の順に素材を通し、ピンの根元を直角に折り曲げ、根元から7mmの所を丸ヤットコではさみ、ヤットコの丸みに沿わせて手前に回転させ、丸める。輪が一周した所をニッパーでカットする。

②
POINT: ピンの輪は左右に動かそうとするとうまくいかないので注意。

チェーンの長さの半分の位置をニッパーでカットする。①のピンの輪を平ヤットコではさみ、前後に動かして開き、カットした側のチェーンの端の輪を通して閉じる。逆側も同様に接続する。

ドロップをパールのパーツに付け替える

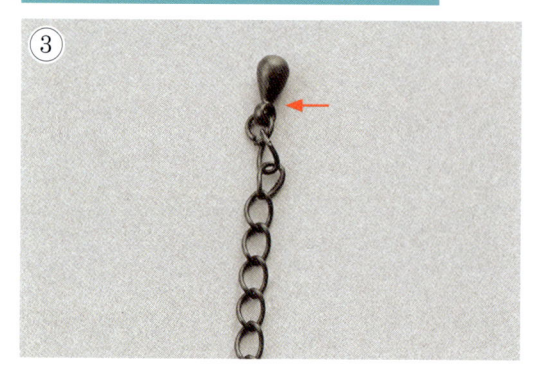

③

アジャスターの先端のドロップを接続しているチェーンの輪をニッパーでカットし、ドロップを取り外す。

④
丸カンの開閉 → P15

Tピンにコットンパールを通して①と同様に丸める。丸カンをヤットコ2本で持って前後に動かして開き、パール1個のパーツの輪、アジャスターの端の輪を通して閉じる。

スカシパーツのチャーム付きネックレス（P121中央）

材料

- Ⓐ コットンパール（6mm・ラウンド・両穴・キスカ）…4個
- Ⓑ メタルスカシパーツ（直径約25mm・マットブラック）…1個
- Ⓒ ネックレスチェーン（幅約1mm×長さ40cm・アジャスター付き・マットブラック）…1本
- Ⓓ Tピン（0.6×40mm・マットブラック）…4本
- Ⓔ 丸カン（0.5×4mm・マットブラック）…5個

道具
- 平ヤットコ
- 丸ヤットコ
- ニッパー

作り方

パーツを作って接続する

① Tピンにコットンパールを通し、左ページのネックレスの①と同様にピンの端を丸めたものを4個作る。

② 丸カンをヤットコ2本で持って前後に動かして開き、①のパーツ1個とスカシパーツの輪を通して閉じる。同様に、①のパーツ3個が隣り合うようにスカシパーツに接続する。

③ 丸カンを開き、②で接続した中央のパールとちょうど向かい側にあるスカシパーツの輪、チェーンを通して閉じる。

ドロップをパールのパーツに付け替える

④ Tピンにコットンパールを通してピンの端を丸め、左ページの③〜④と同様に、アジャスターの先端のドロップと付け替える。

アクセサリー作りに必要な資材がそろう

Shop Information

貴和製作所

初心者でも簡単に手作りを楽しめるアクセサリーパーツショップ。オリジナルのレシピやキットなども多数扱っている。

http://www.kiwaseisakujo.jp/shop/

📍 浅草橋支店
東京都台東区浅草橋1-9-13
大手町建物浅草橋駅前ビル
☎ 03-3865-8521

Parts Club

ビーズやアクセサリーパーツの専門店。全国のショッピングモール内などに店舗を構えている。

http://www.partsclub.jp/

📍 浅草橋駅前店
東京都台東区浅草橋1-9-12
☎ 03-3863-3482
問い合わせ専用
☎ 0120-46-8290

ユザワヤ

ビーズやアクセサリーパーツはもちろん、生地やアートフラワーなど幅広い手芸用品を扱う大型専門店。全国に63店舗展開。

http://www.yuzawaya.co.jp/

📍 新宿店
東京都渋谷区千駄ヶ谷5-24-2
タカシマヤタイムズスクエア11F
☎ 03-5367-4141

オカダヤ

関東を中心に店舗を構える、総合服飾手芸材料店。手芸用品、洋裁雑貨、服飾雑貨、毛糸、生地など豊富に取りそろえている。

http://www.okadaya.co.jp/

📍 新宿本店
東京都新宿区新宿3-23-17
☎ 03-3352-5411

BROOKLYN CHARM

NY・ブルックリンで人気のジュエリーパーツ専門店。オリジナルのチャームなど、個性豊かなパーツがそろう。

http://www.brooklyncharm.jp/shop/

📍 原宿本店
東京都渋谷区神宮前4-25-10
☎ 03-3408-3511

DESIGNER
デザイナー紹介

Chinami Iida

アクセサリーブランド「UNDA」主宰。「波のように 自由に」をテーマに、キラリと光るデザインと素材に命を吹き込むことを大切にして、制作に力を注ぐ。シンプルなものから個性的なものまで幅広いデザインで多くの女性の支持を集める。

http://www.unda-luxe.com/

Kaori Tsuda

ハンドメイドアクセサリーブランド「KH accessories」主宰。K（＝kindly：やさしい、親切）、H（＝habitually：いつも、日常）。手作りのもつ"やさしさ"を"いつも"感じてもらえるよう、心をこめて製作している。

http://ameblo.jp/tuu10060822/

Chiho Shimatani

かわいい糸やリボン、コットンパールを使い、デイリーにもフォーマルにも身につけられるアクセサリー「Chou-chou Fil」主宰。日々忙しく働く女性が癒され、幸せな気持ちになるような作品づくりを目指している。

http://chouchoufil.theshop.jp/

─────── STAFF ───────

撮影　下村しのぶ
・
スタイリング　石井佳苗
・
ヘアメイク　梅沢優子
・
モデル　花梨（エトレンヌ）
・
デザイン　浜田真二郎
・
イラスト　上坂じゅりこ
・
編集協力　佐々木智恵美、西島恵（ケイ・ライターズクラブ）

はじめてでも素敵（すてき）に作（つく）れる！　コットンパール・アクセサリー

- ●編　者 ─── C_Factory［シー ファクトリー］
- ●発行者 ─── 若松 和紀
- ●発行所 ─── 株式会社 西東社（せいとうしゃ）
  〒113-0034 東京都文京区湯島 2-3-13
  営業部：TEL（03）5800-3120　　FAX（03）5800-3128
  編集部：TEL（03）5800-3121　　FAX（03）5800-3125
  URL：http://www.seitosha.co.jp/

本書の内容の一部あるいは全部を無断でコピー、データファイル化することは、法律で認められた場合をのぞき、著作者及び出版社の権利を侵害することになります。
第三者による電子データ化、電子書籍化はいかなる場合も認められておりません。
落丁・乱丁本は、小社「営業部」宛にご送付ください。送料小社負担にて、お取替えいたします。
ISBN978-4-7916-2371-6